AF238287

ELOGIO DE LA ESTULTICIA O

ELOGIO DE LA LOCURA

Erasmo de Rotterdam

Título: Elogio de la estulticia o Elogio de la locura
Título original: *Moriae Encomium, sive Stultitiae Laus*
Autor: Erasmo de Rotterdam

© Herederos de Luis Blanco Vila
© Edimat Libros, SA
C/ Primavera, 10, nave 35
28500 Arganda del Rey
Madrid-España
www.edimat.es

Traducción, introducción y notas: Luis Blanco Vila
Diseño e ilustraciones de cubierta: Karakachoff Estudio
Ilustración de cubierta: Andrés Nancul para Karakachoff Estudio

ISBN: 978-84-9794-651-3
Depósito Legal: M-26314-2024

Impreso en España - *Printed in Spain*

INTRODUCCIÓN

Por fin lo he hecho. Saltándome todas las tradiciones, por encima de los tabúes y prevenciones, casi supersticiones, tal vez conveniencias de carácter comercial, he plasmado mi viejo deseo —tal vez capricho— de enmendar la plana a los clásicos, de poner una pica no sé si en Flandes o en los Países Bajos, que, para el caso, es lo mismo.

Desde hace muchos años: desde, seguramente, la primera vez que me eché a la cara —y a los ojos— el famoso y nada extenso texto de Erasmo, —de Desiderio Erasmo, como lo llaman sus paisanos de los «países bajos junto al mar»— he sentido el apremio de desmitificar el título español del libro. ¿Por qué *Elogio de la locura,* me preguntaba y seguía preguntándomelo mientras los años y los estudios latino-románicos iban acaparando más mi tiempo?

Estulticia, no locura

Desde luego, Erasmo no elogia la enfermedad, la locura andante, al estilo del Alonso Quijano cervantino. El gran manco templó con el realismo cazurro de Sancho el disparate ético de Don Quijote caballero, desfacedor de entuertos muy a su pesar. La supuesta *locura* de Erasmo no es, precisamente, privación del juicio o del uso de la razón, que eso es realmente locura; más bien, por el contrario, nada más comenzar su *declarnatio,* su *farsa,* su exhibición en suma, la *stultitia* proclama, en pleno uso de sus condiciones naturales, que ha tenido a bien, que le apetece porque sí hacer el papel del sofista. ¿Podemos decir que el sofista es un loco? Ni por pienso. El sofista es un sabio que se niega a ser llamado sabio, fundamentalmente por dos razones: porque no se tiene por tal —pocas veces— y le gusta presumir de necio o porque —razón histórica— el *oficio* de sabio llegó a caer en semejante desprestigio que los sabios de verdad no quisieron desafiar a la opinión y decidieron camuflar su dedicación a la filosofía, a la sabiduría, detrás de la careta de la farsa dialéctica, de la pirueta alógica, de la sutileza verbal, de la artimaña capaz de confundir a un público deseoso pero poco ducho en el manejo del lenguaje. Con lo cual, y para su desgracia, a partir de Sócrates, el término «sofista» degenera en su significado hasta perder el prestigio que tenía, quedando casi sólo para atribuir al dialéctico más función de ingenio que no de inteligencia.

Lo que debe quedar muy claro es que el sofista no tiene nada de loco. Menos aún, si cabe, cuando, como anuncia Erasmo en el pórtico del libro, se dispone a hacer la alabanza de sí mismo, o de sí misma. Porque, en efecto, ¿quién más cualificada para alabar la estulticia que la estulticia misma? La locura no se alaba sino que se denigra con su loca conducta; quienes la contemplan se entristecen y sienten compasión; la estulticia, en cambio, con su ridícula exhibición, no carente de ingenio, divierte y traza de sí misma una imagen amable y hasta divertida. La estulticia es, a partes iguales, ignorancia, necedad y tontería, pero no es locura. El loco puede ser peligroso, el estulto sólo ridículo; el loco llega a creerse Alejandro Magno, el estulto no se contenta con menos que con ser dios. Desde esa cumbre, el autoelogio es posible; más aún, lo ve como necesario. En cualquier caso, nunca un loco, un enfermo, será capaz de dar la vuelta al calcetín argumental y convertirse, quizá, en sabio, hecho que, de acuerdo con la tradición cristiana y la doctrina misma del Evangelio, puede y hasta debe suceder.

Peripecias españolas de las «locuras» de Erasmo

Esta es la estulticia que caracolea y hasta se exhibe descaradamente en las páginas del libro de Erasmo de Rotterdam, príncipe reconocido de los humanistas cristianos, profeta de los nuevos tiempos y oráculo de intelectuales, si se me permite la palabra «intelectual», por entonces aún no inventada en la acepción que hoy es en ella predominante. Un libro escrito en latín y publicado en 1509, comentado enseguida con elogio en todas las escuelas y universidades, discutido con pasión en todas ellas, traducido de inmediato a las lenguas de la cultura, con escasa fortuna crítica —hay que decirlo— por lo que a la nuestra se refiere. Y no porque faltaran traducciones, sino porque la división a muerte entre ilustres erasmistas y no menos ilustres antierasmistas (cito, sólo a modo de ejemplo, el caso de los hermanos Pedro y Francisco de Vitoria, Pedro a la cabeza de los enemigos de Erasmo y Francisco, uno de sus grandes defensores) puso durante años en la picota del entredicho las obras de Erasmo que, aunque se divulgaron con la natural carga de morbo de lo que puede caer en lo prohibido, no disfrutaron de una distribución franca y fueron vedadas en muchas instituciones escolares, habituales consumidoras de este tipo de obras.

Y no es que Erasmo no tuviera seguidores y admiradores entre los españoles. Acabo de decir lo contrario: los tuvo e importantes[1], como también tuvo detractores de la talla de Diego López de Stúñiga, miembro del equipo de la *Biblia políglota complutense* de Cisneros, o el recién traído a colación Pedro de Vitoria.

Seguramente la gran dificultad radicó en el blindaje y las reformas, al tiempo, que el propio Cisneros, anticipándose al estallido de la Reforma luterana, puso a la fe y a las costumbres en España, muy anteriores a la purga que, más tarde, impusieron el concilio de Trento y sus ejecutores doctrinales los jesuitas. Las reformas del clero regular y las del clero secular (más ardua esta última) y la tupida red que impide fluencias heréticas del exterior, preservan, en buena parte, al catolicismo español, en su propio territorio, de mayores fracturas doctrinales, mientras los viajeros —los hermanos Valdés ya citados, por ejemplo— pasan, en sus libros, la dura aduana de la Inquisición, que los mira con lupa y que los incrimina con evidente saña. No en vano ellos y algunos más renunciaron a regresar a su patria y enseñaron en escuelas y universidades italianas, flamencas y alemanas. Y aunque es cierto que Erasmo aseguraba: «Debo a España más que a los míos y más que a otra nación cualquiera», —nada extraño, por otra parte,

---

[1] MENÉNDEZ PELAYO, que no era precisamente sospechoso de simpatía hacia la obra y la escuela erasmianas —hasta el punto de asegurar, en su *Historia de los heterodoxos españoles,* que «Erasmo y otros abrieron el camino a Lutero»—. en ese mismo libro dedica todo el capítulo II del volumen III a Alfonso de Valdés, y el IV del mismo volumen, íntegramente, a su hermano, según algunos gemelo. JUAN DE VALDÉS, autor, entre otras obras importantes, del *Diálogo de la lengua.* Sabido es que ambos fueron famosos humanistas y erasmistas de pro, hasta el punto de mantener correspondencia asidua y bien amistosa con el holandés, además de encontrarse reiteradamente durante los periplos europeos de los conquenses. Citemos también entre los amigos españoles de Erasmo a JUAN LUIS VIVES, y, asimismo, al arzobispo ALFONSO DE FONSECA, a FRANCISCO DE VERGARA, al inquisidor MANRIQUE y a LUIS NÚÑEZ CORONEL.

pues una de las pensiones que recibió, de doscientos ducados, fue de su gran admirador el arzobispo Fonseca— lo cierto es que sus traductores españoles fueron un tanto clandestinos, sobre todo después de que el arcediano de Alcor, Alfonso Fernández Madrid, hiciera estallar el gran escándalo con la primera salida de Erasmo en castellano, el *Enchiridion militis christiani (Manual del soldado cristiano)*, una edición edulcorada en su versión, pese a lo cual era tan perniciosa —cuenta el padre Rivadeneyra— que privaba de devoción al converso Íñigo de Loyola.

Pese a todo, lo cierto es que de los libros de Erasmo se vendieron en España miles de ejemplares, lo cual estimuló el terror de los teólogos más ortodoxos, que siempre vieron en él la encarnación diabólica en su faceta más atractiva y trataron de cerrar la posibilidad de que las demás obras del holandés fueran traducidas y publicadas. Pero, como dice Menéndez Pelayo, Erasmo era ya más conocido en España que en Rotterdam y su nombre despertaba amores ardientes y odios africanos. Todo ello, sin olvidar el aura de modernidad que bañaba todo escrito salido de su pluma, aura que se debe, en buena parte, a ese desenfadado modo de tratar las cuestiones más profundas y misteriosas de la fe y el dogma. No es extraño que los teólogos españoles, reunidos en Juntas en Valladolid en la cuaresma de 1527, bajo la presidencia del inquisidor general don Alonso de Manrique —partidario, como he dicho, del holandés—, tras largas y durísimas controversias, llegaran a veintiuna conclusiones, es decir, a la redacción de otros tantos artículos acusatorios, en los que se evidenciaba que Erasmo resultaba herético en otras tantas verdades, entre ellas dogmas tan importantes como la consustancialidad del Verbo (que, según sus detractores, negaba: arrianismo, por tanto), la negación, asimismo, de la divinidad del Hijo, la no concesión al Espíritu de su categoría de tercera persona de la Trinidad o, en otros aspectos no menos importantes, herético por defender el divorcio o afirmar que el estado del matrimonio es más elevado que el de la virginidad. Con todo, sus libros seguían vendiéndose, pese a las advertencias públicas —tal vez por ellas—, de su supuesta condición herética. Desde esta realidad, tiene sentido aquello que el propio Erasmo escribía a Vergara y a Núñez Coronel: «Ignoro —se quejaba— si los que traducen mis libros al castellano lo hacen por afecto hacia mí o por odio».

Lo cual no impidió que la «Moría» o *Elogio de la estulticia* circulara clandestinamente, después de que Hernando Colón, al parecer, lo trajera a España en 1516, es decir, al año siguiente de la edición de Froben, —es la que yo utilizo—, que se adorna ya con las magníficas ilustraciones de Hans Holbein. Esta lectura morbosa y, con frecuencia, clandestina, y el miedo a la repercusión negativa de la fama del propio Erasmo para la fe, puede que sirvieran de rémora para la difusión de la obra en lengua castellana, pero de su influencia inmediata en la literatura hispana sí tenemos rastros y aseveraciones. Marcel Bataillon, en su obra clásica y monumental *Erasmo y España,* defiende la clara presencia del humanista «bátavo, harto de cerveza y de manteca» (el insulto es de López de Stúñiga) en *El Quijote* cervantino y en *De los nombres de Cristo* de fray Luis de León[2], En la misma línea de reconocimiento se encuentra el profesor José Luis Abellán, en su obra *El erasmismo español.*

Y es lógica su influencia, pues avanza una ciencia nueva, sorprendente y sin prejuicios a la hora de tratar los asuntos más importantes de la conciencia y del quehacer humanos. Erasmo busca una ciencia auténtica, fundada y sólida, en defensa de las creencias cristianas, y en esa búsqueda se anticipa, incluso, al racionalismo que impulsará el desarrollo renacentista; arriesga mucho en el empeño porque desafía las prácticas consagradas de la dialéctica eclesial, pero su atrevimiento, su iconoclastia lo mismo irritan que subyugan. Por lo menos en los primeros años de su producción. Después, cuando, en 1518, Lutero consagra la ruptura traumática de la fe con la fractura irreparable de la Reforma, la caza de brujas dentro de la Iglesia y la necesidad de acreditar a cada momento la ortodoxia ponen al humanista holandés en demasiados aprietos y, falto de valor personal, va capeando y esquivando como puede los dardos que le arrojan desde las cátedras más integristas de las Universidades europeas, casi todas dominadas por

---

[2]   Batavia: denominación de un antiguo «país bajo». En el siglo I, las tierras de los deltas de los ríos Escalda, Mosa y Rin estaban habitadas por los frisones, bátavos y belgas. Los actuales Países Bajos (Holanda), procederían de la antiquísima Batavia. De hecho, los holandeses llamaron Batavia a la más importante ciudad de sus Indias Orientales, es decir, a Yakarta, actual capital de Indonesia, archipiélago, por cierto, del que desalojaron a españoles y portugueses en el siglo XVII. Esa es otra historia.

El erasmismo español, de JOSÉ LUIS ABELLÁN, está editado por Espasa Calpe en su colección Austral. Madrid, 1982.

clérigos de estricta observancia, por lo menos doctrinal. No tanto en sus costumbres. De todos modos, no están los tiempos para experimentalismos teológicos.

Sin embargo, el *Elogio de la estulticia,* por su propio carácter, es, seguramente, el libro menos adecuado para encontrar en él deslices doctrinales, mientras, por el contrario, puede ser muy bien campo abonado de atrevimientos, pues todo él es una pura sátira, detrás de la cual se pueden agazapar afirmaciones dudosas pero también difícilmente reprochables en su formulación teológica. Con todo, y precisamente por lo irreverente del planteamiento, el «Elogio» fue uno de los libros más atacados, tal vez porque fue, asimismo, uno de los más difundidos y celebrados.

Parece probado que Erasmo hizo llegar un ejemplar al mismísimo papa León X, al que había conocido como cardenal Giovanni de Medici durante su estancia de un año en Roma (1506-1507) y lo mismo hizo con otros varios purpurados de la corte romana, como Bembo y Grimaldi. Desde este conocimiento admirativo se entiende el decreto curial en virtud del cual se vedaba cualquier ataque por escrito contra Erasmo y contra sus tesis teológicas, algo verdaderamente sorprendente y sólo explicable por su propio prestigio personal en Roma, donde había dejado, junto a un buen puñado de amigos, algunos enemigos acérrimos. No hicieron mucho caso del decreto los teólogos españoles ya citados. De manera anónima mientras vivió León X, abiertamente, con nombres y apellidos, después de su muerte, arremetieron contra Erasmo y contra sus escritos, de manera especial contra la «Moría» o *Elogio de la estulticia.* De nada sirvió que, respondiendo a Stúñiga, se ampare en el hecho cierto de que el papa ha leído el libro y no sólo no lo ha condenado sino que ha prohibido cualquier ataque contra él. Las posiciones son irreconciliables; sólo la muerte acallará a Stúñiga, y será precisamente a la muerte de Stúñiga cuando Erasmo, en un rasgo que lo honra, reconocerá que algunas de las objeciones del teólogo extremeño no sólo eran razonables sino que le habían servido para hacer correcciones importantes en sus escritos.

Recuerdos de una infancia y de una juventud desgraciadas

Nacido en 1466 en las proximidades de la ciudad que acompaña su nombre en los fastos de la historia, y nacido Gerardo, hijo de Gerardo (Geert Geertaz), se le bautiza con el nombre cristiano del mártir san Erasmo. El de Desiderio lo añadirá él mismo al cumplir los treinta años, en 1496.

Apenas tiene cuatro años cuando frecuenta la escuela de Gouda, donde, sabemos, viven parientes próximos, o incluso directos, de su padre. El origen familiar nada claro no va a facilitar al niño Erasmo trazar los linderos de su propia cultura, ni siquiera conseguir un sentimiento familiar y patriótico claro. Por aquel entonces, Holanda, —«los países bajos junto al mar»—, no presenta perfiles históricos definidos. Dependientes en muy buena medida estos territorios bajos del obispado y señorío de Utrecht, se encuentran, sin embargo, bajo la doble influencia de un imperio —el alemán—, que, salvo en el caso del ducado de Gueldres, apenas tiene en cuenta sus posibilidades políticas en estas latitudes, y de un ducado, el de Borgoña, que, entre la política pragmática y la matrimonial —también pragmática, evidentemente—, acabará sumando tierras que, al menos durante algunos años, hablarán francés y cuyos habitantes sentirán la brillante atracción de un París cada vez más cosmopolita. De hecho, incluso después de que, en 1425, los duques de Borgoña hubieran fundado la universidad de Lovaina, París seguía siendo el objetivo, el centro doctrinal y científico para los jóvenes inquietos que, en mayor o menor número, según los tiempos, salían del norte de las tierras bajas, que eran «las afueras», las zonas marginales, pobladas por pescadores y campesinos, en busca de tierras «civilizadas». Las tierras «civilizadas» eran las de Flandes y Brabante; las de Holanda y Zelanda, los condados más unidos, seguían siendo lugares sin cultura y sin hombres de prestigio para la historia de la ciencia. Una sola diócesis, la de Utrecht, se bastaba y sobraba para atender a una comunidad cristiana sin demasiadas exigencias, llegada, para colmo, un tanto tardíamente —en el siglo VIII— al seno de la Iglesia católica. «Ninguna de aquellas ciudades de Holanda y Zelanda —escribe Johan Huizinga[3]—: Dordrecht, Leiden, Haarlem, Middel-

---

[3] *Erasmus and the Age of Reformation,* de JOHAN HUIZINGA. Harper. Nueva York, 1957, página 17.

burg o Ámsterdam, podía compararse con Gante, Brujas, Lila, Amberes o Bruselas en el Sur». No digamos ya si aparecía el nombre de la vieja *Lutetia* latina y académica, es decir, de París. Ir a París era hacer el gran camino, un recorrido que marcaba para siempre al afortunado.

Erasmo, que había nacido en las afueras de Rotterdam, fruto de unión ilegítima[4], tardaría años en acudir a París, pero cuando lo hizo fue para dominar, por su inteligencia, a las mentes más ilustres de su universidad.

Pero, antes, tuvo que pasar por algún infierno. Menéndez Pelayo, que protesta su admiración fundamental hacia Erasmo, no pierde ocasión para zaherirlo, incluso con falta de estilo, en lo que a este punto oscuro de su cuna —velado con celo vergonzante por el propio Erasmo— se refiere. En el volumen III, ya citado, de la *Historia de los heterodoxos españoles,* escribe párrafos de esta dureza: «Las circunstancias de la vida de Erasmo explican el tono y calidad de sus escritos. Nunca tuvo mayor aplicación la «fisiología literaria». Hombre de complexión débil y valetudinaria, de carácter irresoluto y tornadizo, ni para el bien ni para el mal tenía grande firmeza. Por eso no fue ni del todo católico ni del todo protestante, y después de abrir el camino a los luteranos, se espantó de su obra y escribió contra Lutero. Hijo natural, sometido en los primeros años a durísima tutela, y entregado luego a sus propios recursos, se abrió camino en el mundo mendigando el favor de los poderosos, sin escrupulizar mucho en cuanto a alabanzas. Su odio a los frailes, más que de la ignorancia de éstos en Alemania, de su grosería y liviandad y de su odio a las buenas letras, procedía de una causa enteramente personal. Erasmo, niño todavía, había sido obligado por un tío suyo a entrar en un convento de Agustinos, donde

---

[4] En este punto, HUIZINGA cree que el propio Erasmo ignoró las circunstancias concretas de su gestación y nacimiento hasta los últimos años de su vida. A falta de ese conocimiento, inventó una historia romántica de un amor apasionado de novios que se entregan —él nacerá de esa entrega— pero que no pueden santificarse por el matrimonio al impedirlo la familia de la novia. Amargado y sin saber que ella estaba encinta, el novio marcha a Roma y se hace sacerdote. Informado falsamente de la muerte de su amada y sin conocer la existencia del hijo, regresa a su tierra y, al conocer la verdad, atado como estaba por los votos, desesperado, se entrega de lleno a la religión. Sólo la muerte prematura de su amada lo llevará, por fin, a hacerse cargo del control de la educación de su hijo. Mejor dicho, de sus hijos. Porque, que no había tanto romanticismo en la historia lo confirma el hecho, demostrado, de que, en efecto, el padre de Erasmo era sacerdote antes de que él naciera y era, además, padre de otro niño, Pedro, nacido tres años antes que Erasmo e hijo de la misma muchacha soltera.

lo había pasado harto mal. Y, aunque salió de él cuando quiso, si bien conservando el hábito, jamás perdonó a los frailes el haberle hecho padecer por algún tiempo las austeridades de la regla, y fue el mayor y más enconado enemigo que ha tenido quizá el monacato, aunque no suele atacarle de frente...

Condenó los votos porque no había sabido cumplirlos; el ayuno y la comida de viernes, porque su salud no lo toleraba y le producía náuseas hasta el olor del pescado; los largos rezos y oraciones, porque le hastiaban y cansaban. Que éstas y otras no más altas causas reconoce la decantada «filosofía cristiana» de Erasmo, el cual era, después de todo, un mal fraile, si bien no fuese suya toda la culpa sino de aquellos tutores y amigos que por fuerza le hicieron tomar un estado para el cual no tenía vocación alguna»[5].

Sea como fuere, acabaría estudiando en París, donde fundamentó, razonadamente, su odio hacia los escolásticos que, como critica también Melchor Cano, combatían «con largas cañas», envueltos siempre en superficiales cuestiones.

Pero antes tuvo que pasar cinco años en la escuela de Gouda, tal como ya he dicho; con nueve años ingresó en la entonces célebre escuela agustina del Capítulo de San Lebuin, en Deventer, a donde sabemos que lo acompañó su madre y donde permanecerá nueve años (1475-1484), con un breve tiempo intermedio como tiple en el coro de la catedral/monasterio de Utrecht. Tiene Erasmo malos recuerdos de la escuela, anticuada y cerril, con métodos de enseñanza de rigor medieval, varios de cuyos maestros pertenecían a la Hermandad de la Vida Común. Sólo hacia el final de su estancia en ella, el nuevo rector, Alejandro Hegio, buen amigo del humanista frisio Rodolfo Agrícola —al que Erasmo oyó hablar una vez y quedó impresionado de su dominio de los clásicos—, abrió un poco la rigidez de aquella escuela llena de oscuridades mentales. Pero para entonces, Erasmo ya tenía dieciocho años y se disponía a escapar de aquella pesadilla.

Porque la muerte de su madre, víctima de la peste, acabó con sus estudios —y los de su hermano Pedro— en Deventer. Su padre, que debió de ser hombre culto, los reclamó y volvieron a Gouda, donde Erasmo encontró una biblioteca paterna con abundantes autores griegos y latinos —su padre sabía griego y, como sacerdote, se supone que

---

[5] *Op. cit,.* páginas 44-45.

también latín— y donde, con la tutela de tres maestros, entre ellos Pedro Winckel, prosiguieron sus estudios hasta que aquellos decidieron internarlos en la escuela de Bois-le-Duc, donde los profesores miembros de la Hermandad —testimonia el propio Erasmo— hicieron lo posible por destruir las dotes naturales de los dos jóvenes —Pedro tenía veintiún años, Erasmo dieciocho— y donde perdieron miserablemente dos años que muy bien hubieran podido consumir ya en la universidad. Pero los tutores, al parecer, los querían en un monasterio; encerrados, tendrían, según algunos biógrafos, más libertad para administrar la dote de ambos. De hecho, la administración dejaba mucho que desear. Así que insistían ante los dos hermanos ponderando las excelencias de la vida monástica.

Con veintidós años, en 1488, hace los primeros votos en la Hermandad de la Vida Común, es decir, en la orden de los canónigos regulares de san Agustín, en el convento de Stein. Su hermano Pedro había profesado antes que él en la misma orden, aunque en otro convento, el de Sion. Comienzan los años de aprendizaje a fondo del mundo clásico y comienzan también los contactos con los primeros humanistas y con sus obras, con Rodolfo Agrícola en persona y con algunos autores del humanismo italiano, como Valla. Una sensibilidad casi femenina crea en él —lo sabemos por sus cartas— la necesidad de correspondencia sentimental de sus propios compañeros. Se siente desgraciado, comienza a odiar la vida monástica, aunque hay cosas en ella que le gustan. Pese a ese rechazo evidente, en 1492 es ordenado sacerdote. El mismo año que Colón descubre América, Erasmo descubre un mundo nuevo en el que todas son responsabilidades y se arrepiente enseguida, aunque ya es demasiado tarde. Por eso, muy pocas veces subirá al altar para decir misa. Por eso también, abandona el monasterio en cuanto el obispo de Cambray, sabiendo de su fama de buen latinista, le ofrece el puesto de secretario.

Algo de razón tiene Menéndez Pelayo cuando asegura que fue forzado a entrar en religión, aunque esa, evidentemente, no sea ni la única ni siquiera razón de sus supuestas heterodoxias. Ciertamente, nunca estuvo a gusto en su estado, pero, al menos, recibió una preparación a fondo en las disciplinas clásicas. Sabemos que por esas fechas proclamaba como modelos literarios suyos a Virgilio, Horacio, Ovidio, Juvenal, Marcial, Lucano, Propercio, Cicerón, Quintiliano, Salustio y

Terencio, entre otros, y que en sus lecturas no faltaban italianos «modernos», como Guarino y otros, además del ya citado Lorenzo Valla. Entre los Padres de la Iglesia ha estudiado, sobre todo, a san Jerónimo.

París-Londres: de los «Adagios» al «Elogio» (1495-1509)

Ausencia total, y elocuente, de la cultura griega. Sólo latín. En latín, su inspiración se derramaba en raudales de versos de una perfección imposible: se siente poeta y su necesidad de amistad y amor crece como la espuma. Sus cartas a los amigos más íntimos, como Cornelio de Gouda, o Guillermo Herrnans, más parecen misivas de amor que otra cosa. Sin embargo, cuando abandona el monasterio para acompañar como secretario al obispo de Cambray, ni siquiera vuelve la cabeza para recordar que había prometido a su amigo Guillermo que también él sería liberado. En vano lo espera el amigo. A finales de 1495, ayudado por su nuevo amigo Jaime Batt, que había estudiado en ella, consigue ir a la universidad de París, con la licencia e incluso con la promesa de su obispo de enviarle un estipendio para mantenerse. Pero su primera etapa de París fue igualmente desagradable, durísima en privaciones, humillante para su inteligencia; más tarde recordará los huevos podridos y los dormitorios gélidos del colegio Montaigu, donde residió hasta 1496. No logró entonces su objetivo de obtener el doctorado en Teología. El juego entre escolásticos —los antiguos, es decir, tomistas y scotistas por una parte, y enfrente los terministas, partidarios de Ockham y Buridan—, hace imposible cualquier tipo de estudios sin sobresaltos. Su odio hacia la escolástica se exacerba: es en la Sorbona donde aprende a burlarse de los *magistri nostri,* como irónicamente denomina a los teólogos escolásticos. Tiene la suerte de entrar en contacto con el superior general de los frailes trinitarios, el más grande humanista francés del momento, Robert Gaguin, con lo que su posición en París se despeja un poco. Pero tiene que encontrar un mecenas, pues no hay humanista que se precie que no cuente con un respaldo de mecenazgo que le permita pasar las horas en brillantes exhibiciones de ingenio o preparando libros para admiración de propios y extraños. Un joven inglés, Guillermo Blount, lord Mountjoy, del que fue maestro en París, y la marquesa de Veere, Ana de Borselen, de cuyos hijos era preceptor su gran amigo Batt, podían hacer el papel de protectores. Los dos, en efecto, se convirtieron en mecenas de Erasmo. Así hace su primer viaje a Inglaterra invitado por Mountjoy. En Londres conoce —estamos en los primeros días de verano de 1499— al joven Tomás Moro y al no tan joven Juan Colet, nacido el mismo año que el propio Erasmo. Seis meses de vida relajada y casi deportiva lo convierten en un cortesano elegante y socialmente refinado, «casi un buen cazador, un jinete no muy malo», como escribe a un amigo. Llega, incluso, a conocer al príncipe Enrique, futuro cismático y cabeza de la Iglesia de Inglaterra, pero que también será su protector económico. En Oxford disputa académicamente con Colet y de esas discusiones nace su atención a la Teología y sus primeros escritos de interpretación de la Escritura.

De regreso a París, en Dover se le confiscan los ahorros que llevaba para vivir desahogadamente en París y su rabia y su decepción lo llevan a escribir los *Adagia (Adagiorum Collectanea),* los aforismos, libro que le va a dar una gran fama. Cerca de ochocientos dichos y sentencias de autores latinos, dedicados especialmente a los estudiosos de la lengua de Cicerón. Pero volvieron a ser años de privaciones, de hastío de Francia y de humillaciones, para ganarse el sustento de cada día. También fueron años de afirmación de su vocación, capaz de convertir el Humanismo, hasta entonces patrimonio de pocos, en huerto común para los jóvenes abiertos a las inquietudes. Aquellos cientos de adagios se popularizaron y, con el tiempo, acabaron siendo miles, latinos siempre pero, más tarde, también griegos. Años después, en 1514, publicará las *Parábolas,* complemento de los adagios, y casi al final de su vida aparecerán los *Apophthegmata,* antología de anécdotas, de frases célebres y de hazañas clásicas. Quiero decir que nunca abandonó la veta recolectora abierta con los *Adagios.* Y, al tiempo, su magisterio comienza a expandirse: ya no habla sólo para clérigos y universitarios; los nobles lo reclaman para que enseñe a sus hijos, los palacios se honran con su presencia de invitado. El poeta, el latinista, el hombre culto, el dialéctico, recorre las cortes europeas y las mansiones señoriales, con la misma elegancia con que, cuatro siglos más tarde, lo hará Rainer María Rilke con sus cuartillas pobladas de versos inacabados. La diferencia estriba en la temática y, sobre todo, en que Rilke escribe en alemán y Erasmo lo hace en latín, y hasta acabará haciéndolo en griego, que ha estudiado ya, con enorme fatiga y provecho, durante sus años de París, sin maestro alguno. En 1504 publica su *Enchiridion Militis Christiani,* al que ya me he referido, su primer tratado teológico, cimiento de su fama en todo el mundo cristiano.

En 1502 lo encontramos en Lovaina «huyendo de la peste» o, mejor dicho, del miedo a la peste —«hay demasiados entierros en París», fue su grito de fuga— , donde, entre otras tareas para ganarse la vida, escribe un panegírico latino ensalzando las cualidades del príncipe Felipe el Hermoso, que acaba de regresar de España. En 1504 regresa a París. Quiere dedicarse de por vida a las *divinae litterae,* es decir, a la teología, tal como escribía a Colet. En 1505 volverá a Inglaterra, a casa de lord Montjoy. Con Moro, traduce del griego al latín —Moro sabe más griego que él— los *Diálogos* de Luciano de Somosata, el elegante escritor griego, pero de nombre latino, del siglo II. Para entonces ya había traducido textos de Eurípides.

Una gran ocasión lo lleva desde Londres a Italia, como supervisor de los estudios de los hijos de Juan Bautista Boecio, médico italiano de la corte de Enrique VII. En Turín recibe, finalmente, el doctorado en Teología. Viaja a Bolonia, a Florencia. Es el tiempo en el que el papa guerrero, Julio II, conquista, al frente de sus tropas, toda la Romagna. Erasmo es testigo de su entrada triunfal en Bolonia. Desde allí se pondrá en contacto con el famoso impresor veneciano Aldo Manucio, que pronto se convertirá en su editor y amigo. «Empezamos a trabajar al mismo tiempo —comentará Erasmo en una carta—: yo a escribir y Aldo a imprimir». En Italia profundiza en el estudio y el conocimiento de los autores griegos. Comienzan las ediciones de Plauto, Terencio y Séneca. En 1509 llega a Roma, pero ya no como un creyente o un sacerdote, sino como una celebridad. En julio de 1509, en busca de la protección de Enrique VIII, que acaba de subir al trono de Inglaterra, cruza los Alpes por Suiza y abandona Italia para siempre. Mientras cabalga subiendo las cuestas de la cordillera, «sueña» nada menos que su *Elogio de la estulticia.*

Y «sueña» con Tomás Moro, a quien va a ver. Moro, «moros», que en griego significa «estulto», «necio», «tonto». El mundo, ese escenario de la necedad universal, necesita que estulticia haga su propia *declamatio,* que se burle de los pretendidos sabios y que demuestre que el más necio es el más cuerdo. Y nace esa obra magistral del humor y de la literatura de todos los tiempos. Todo es necedad y locura, hasta el amor que conduce al error del matrimonio. El placer no hace más que alimentar esa estulticia; traer hijos al mundo es la mayor necedad que puede cometerse. Quien no piense será sabio porque si piensa, por ejemplo, en sus propias limitaciones, nunca se decidirá a manifestar su sabiduría y será necio. La sabiduría, pues, impide ser sabio. ¡Qué necedad! El estulto, el necio, que no se para en esas cosas, es feliz; la estulticia, pues, es madre de la felicidad. La sabiduría, pues, es una desgracia; la necedad es el estado feliz del hombre.

¿Cómo tomamos toda esta frivolidad erasmiana? Desde luego, no como frivolidad, sobre todo cuando vemos que Erasmo aprovecha la locuacidad de la estulticia para arremeter contra las indulgencias, el recurso habitual a los milagros, y tantas otras simplezas habituales de dudosa seriedad. No es extraño que pueda estar en el punto de mira de las posibles sanciones y hasta excomuniones. Sobre todo, después de la muerte de su protector, León X.

Pronto, pese al éxito asombroso del libro, aborrecerá Erasmo a la criatura nacida de su «sueño» de jinete alpino. De alguna manera tenía que defenderse de la acusación de «irreverencia» —era la acusación más leve— que le llovía de todas partes. Hablar de divertimento, de bobada literaria, era una manera de defenderse. Incluso llegó a excusarse asegurando que el culpable era Moro, —en cuya casa vivió durante el segundo viaje a Londres—, que le había obligado a escribir aquella memez. Al fin y al cabo, Moro ya era un hombre querido y respetado: habiéndole dedicado el libro y haciéndolo, como lo hace en el prólogo, responsable de su nacimiento, ¿qué mejor defensa podría tener? Al fin y al cabo, pone la causa en manos de «tan único abogado», como dice en la dedicatoria. Muchos años después lamentará haberlo publicado y no volverá sobre el género, aunque se advierte un cierto atisbo de semejanza en «sobre el uso y el abuso de la lengua», publicado en 1525. Sin embargo, de los diez volúmenes de sus obras, sólo el «Elogio» sigue siendo un libro popular. Sin duda, además, su mejor libro.

Esta larga estancia en Inglaterra fue pródiga en idas y venidas, en quejas y alegrías, en penurias y en felicidad. Huésped de Moro en Londres, profesor de griego y teología en Cambridge, rector de Aldington en Kent por la gracia del arzobispo Warham, —a quien Erasmo convenció de que había abandonado Francia, Alemania e Italia por su amor a Inglaterra, donde quería morir—, pese a todo no acaban sus quejas y demandas de dinero a sus amigos y protectores.

En el continente se sucedían las ediciones de sus obras. En 1512, mientras él gobernaba Aldington, salía la quinta edición del «Elogio». La guerra de Inglaterra con Francia desató su vena antibelicista, contra la que escribió verdaderos libelos, alguno, como *Julius Exclusus,* contra el papa Julio II, guardando el anonimato o negando incluso la autoría cuando todo el mundo la tenía por cierta.

Su regreso al continente está marcado por dos hechos importantes: la negativa a volver al convento, algo que le exigían sus superiores, y la recepción jubilosa que le preparan los humanistas alemanes cuando llega a Basilea, donde se editan sus obras y donde se hará amigo del impresor Froben. Allí, en la imprenta de Froben, trabaja en su gran empresa de editar las *Obras de San Jerónimo* y especialmente las *Cartas* —que ocuparán los cuatro primeros volúmenes, de los nueve que suman las obras—; aparecerán en 1516. En los primeros meses de ese mismo año, había aparecido el *Novum Testamentum,* una edición cuidada del texto griego expurgado de añadidos, así como su versión latina, bastante alejada, en algunos puntos importantes, de la *Vulgata.*

En enero de 1517 consigue de León X la exención definitiva de la vida comunitaria, permiso para no vestir el hábito de su orden —no lo vestía desde mucho antes— y para poder seguir viviendo fuera de toda disciplina, así como para recibir beneficios eclesiásticos y de todo tipo, por encima de cualquier inhabilitación que pudiera llegarle en razón de la ilegitimidad de su nacimiento.

En uno de sus viajes a París ha conocido a Juan Luis Vives, que se hospeda en el mismo colegio Montaigu donde él había vivido, pero lo tratará poco porque el valenciano se traslada, en 1512, de París a Brujas. Será durante el lapso de tiempo que va de 1517 —año en que ambos se instalan en Lovaina— a 1521, y en la ciudad universitaria belga, donde traben amistad. Una amistad que, al final, se truncará. En 1519 publica los *Coloquios,* el libro de Erasmo que, junto con el *Elogio,* da mejor imagen de su clara y desenfadada inteligencia.

No estuvo nunca Erasmo en España aunque, como recordaba en reciente artículo el profesor Gregorio Peces-Barba, fue invitado nada menos que por el cardenal Cisneros[6]. No llegó a Alcalá, en cuyas aulas universitarias tuvo la oportunidad de enseñar.

La vida de Erasmo va a transcurrir de manera habitual, a partir de 1518, año de la ruptura luterana, en Basilea, donde se instala ya con carácter definitivo a partir de 1521, aunque con estancias en otras ciudades, como Friburgo. Pero vivirá ya siempre al filo de los sobresaltos de la Reforma. El propio Lutero, que lo admira y lo halaga, tratará de atraerlo a la causa. Por supuesto, no hizo sino alejarlo de ella. Es el tiempo de las grandes borrascas dialécticas. Pero no voy a entrar en ellas; él tampoco quiso hacerlo, salvo para reafirmar su condición ortodoxa, no siempre tan evidente.

El 12 de julio de 1536, aún dolido por la muerte de Moro y por su propia cobardía en el proceso que llevó al cadalso a su amigo inglés, abandona el mundo en su casa de Basilea. Muere desgranando jaculatorias en latín, con las que pide a Cristo gracia y misericordia. Sus últimas palabras fueron en holandés: *Lieve God,* «Querido Dios».

Mi atrevimiento

Pues bien, como decía, me he atrevido. Desde hace muchos años he estado pensando en esta trastada, pero nunca se me había presentado la ocasión de encontrarme frente a frente con la posibilidad de cometer la travesura, de osar, de atreverme a hacer lo que tantos y tantos —no tanto, no exageres— no se han atrevido a hacer. Alguna vez, es cierto, lo había comentado de palabra y hasta por escrito, en relaciones académicas o, en conferencias, algunas de las cuales, después, se han visto en letra de molde. Pero lo que se dice colocar una placa, es decir, dejarlo en el frontis, en la fachada, en la portada de una edición, siquiera sea modesta como la que ahora abordo, eso no lo había hecho nunca. Más aún, no me creía capaz de hacerlo. Y, sin embargo, ¿por

---

[6]   *El poder en los humanistas cristianos,* ABC, tercera, 28 de febrero de 1998.

De hecho, agobiado por los disgustos, a finales de 1516 Erasmo estuvo a punto de abandonar Lovaina y uno de los destinos definitivos en los que pensó fue precisamente España, la Universidad de Alcalá, a donde, en efecto, había sido invitado por el gran cardenal. Pero España no le gustaba y, además, tenía en nuestro país demasiados enemigos.

qué no? ¿Por qué no atreverse de una vez y titular «alabanza» o, mejor, «elogio» de la «estulticia», que es como decir de la «necedad» y de la «tontería» al tiempo?

Sin el menor ánimo de dar fastidio a nadie, creo que de las ediciones españolas que conozco de *Elogio de la locura,* la mejor es, de acuerdo con el testimonio de Pedro Sáinz Rodríguez, la de Julio Puyol y Alonso, venerable versión que ha cumplido ya los ochenta años y, achacosa y todo, sigue viva y renaciendo en ediciones que aparecen en México fundamentalmente, en las «prensas» del ilustre Porrúa. Dice Sáinz Rodríguez de esta traducción de Puyol, de 1916, que «es una de las mejores que se han hecho en cualquier lengua». Pues bien, el señor Puyol y Alonso sabía que debía haber vertido el título original del libro, *Morías egcomion, id est, stultitiae laus*[7], como *Alabanza de la necedad* o *Elogio de la estulticia* o algo semejante, pero no se atrevió a hacerlo. El ilustre catedrático, humanista y escritor Adolfo Bonilla San Martín, autor, entre otros muchos libros, de *Erasmo en España* (1907), amigo y prologuista de la versión de Puyol, lo expresa con toda claridad: «Tocante al título de la versión, paréceme que has sabido optar por el mejor partido, y que si se desea evitar anfibologías, debe traducirse *Stultitia* por «Estulticia» y no por «Locura». Si Erasmo hubiese querido expresar esto último, habría escrito *Insania* en lugar de *Stultitia,* Lebrija, en 1513, traduce *Stultitia* por «aquella bobería y poco saber»; pero tiene que valerse, como ves, de más de un vocablo, porque «bobería» no expresa completamente la idea. Personas hay que nada poseen de bobas, y a los cuales, sin embargo, podría calificarse de «estultos», en el sentido erasmiano; como existen otros que se hallan en su sano juicio y, no obstante, adolecen de la susodicha estulticia. Necedad, estupidez, simplicidad, ignorancia, tontería, imprudencia, disparate, fatuidad, vanidad, insensatez, son términos que pecarían por defectos análogos a los de los anteriores. El «estulto» de Erasmo es aquel a quien sólo las apariencias satisfacen sin que las realidades le preocupen; es, por tanto, todo lo contrario del verdadero filósofo, y en tal concepto podría decirse que en lugar de amante de

---

[7] Variantes del título del *Elogio* abundan. MENÉNDEZ PELAYO dice tener y utilizar una que se presenta como *Desiderii Erasmi Roterodami Encomium Moriae, sive Declamatio in laudem Stultitae... Lugduni Batavorum, ex Officina Joannis Maire. Anno M.DC.XLI.*
Edición muy posterior a la de 1515, cuya copia utilizo yo para esta versión.

la sabiduría, es un amable aficionado a la ignorancia y a la superficialidad. Convengo, pues, contigo en que la mejor manera de evitar equívocos es conservar su forma latina[8].

Pues bien, pese a la gran autoridad de Bonilla San Martín y al elogio que hace de la versión del título como *Elogio de la estulticia,* los editores, «fundados en la potísima razón de que es, con mucho, el más difundido», siguen utilizando el título de *Elogio de la locura.*

Yo, en cambio, como no soy partidario de «potísimas» razones tan poco razonables como son los disparates, por muchos años que se hayan mantenido, he juzgado conveniente romper con ese hábito y volver a su raiz prístina el título del libro de Erasmo, y dejarlo en *Elogio de la estulticia,* palabra esta del latín más limpio y que, limpiamente, se ha mantenido hasta nuestros días en la lengua española.

Si dijera que, en un tiempo razonable, después de una búsqueda razonable, no he conseguido en Madrid un razonable ejemplar en venta de la edición latina de la *Morías egcomion, id est, Stultitiae laus,* seguro que saldrían unas cuantas voces oferentes, asegurándome que tienen existencia de tan raro ejemplar, y hasta es posible que trataran de dejar al confeso —servidor— en situación de vergonzante convicto con baldón en forma de capotillo, escapulario, o sea, humillante sambenito. Así pues, renuncio a decir que no he encontrado ejemplar latino y me limito a dar las gracias afectuosas a la señora Elisabeth van Hoolwerff de Escribano, adjunta de Prensa, Cultura y Educación de la Embajada Real de los Países Bajos en Madrid, quien me ha facilitado generosamente el ejemplar bilingüe latino-neerlandés que tiene en su biblioteca personal, editado por H. J. Paris en Amsterdam, sin fecha de edición a la vista, y con firma autógrafa que atribuye la propiedad a la abuela de mi generosa prestadora, a 31 de enero de 1960.

Una edición, por otra parte, que reproduce la de 1515, con las ilustraciones de Hans Holbein. De ella, de esa edición latina, ha salido la versión que ahora ofrezco. Los epígrafes que dividen el texto de acuerdo con la numeración temática, son de la versión de Puyol y Alonso, siguiendo en este punto la edición de Porrúa. Una advertencia más, para que nadie se sorprenda: aunque siempre he sido amigo de la fidelidad en la traducción, —y por eso mismo, seguramente— he

---

[8] Tomo la cita de la nota a pie de página que figura en la introducción de la edición de Porrúa, México, 1986, página 5.

utilizado expresiones que, aunque a veces puedan parecer vulgares, responden fielmente al estilo desenfadado —y a veces hasta «desfachado», por la desfachatez— que evidencia el propio Erasmo, que sigue, en este punto, el descaro de sus maestros latinos, padres acreditados de la desvergüenza literaria.

Una postrera nota, que me parece necesaria: en lo posible, mantengo el sistema de párrafos del original latino, algo que no se hace —y no sé por qué— en las traducciones que conozco. Siempre he pensado que el autor tiene sus razones para dividir los párrafos de una u otra manera. Digo lo mismo de la puntuación. Erasmo multiplica los puntos y seguido y los puntos y coma. Pues, yo respeto su decisión. Igual respeto tengo para las palabras que escribe con mayúscula —con criterio más bien errático, pues no mantiene lo que antes hizo—, así como para las palabras que «desacraliza» e inicia con minúscula, entre ellas algunas del léxico eclesial tradicionalmente muy respetado: Eucaristía, Santa o Santísima Trinidad, Espíritu Santo, etc. Casi todos los gentilicios, por otra parte, le merecen el respeto de la mayúscula, por más que se trate de simples adjetivos: filósofo Griego, los ciudadanos Ingleses, etc. Sepa, pues, el lector, que la falta de fijación o los excesos en este punto no responden a caprichos sino a respeto del traductor.

Espero que, salvadas todas aquellas disensiones que pusieron a Erasmo en la picota, hoy pueda leerse esta divertida farsa con el regocijo con que fue escrita en su día.

Erasmi Roterodami

ΜΩΡΙΑΣ ΕΓΚΩΜΙΟΝ

ID EST

STULTITIAE LAUS

APUD H. J. PARIS   AMSTELODAMI

ERASMO DE ROTTERDAM
a su amigo
TOMÁS MORO

Salud

Cuando, hace poco, hice mi viaje desde Italia hasta Inglaterra, y con el fin de no desperdiciar en conversaciones vacías e insulsas[9] todo aquel tiempo que tuve que hacer a caballo, me di a pensar frecuentemente en nuestras comunes investigaciones literarias[10] y a disfrutar con el recuerdo de los amigos (doctísimos y muy queridos, ahí abandonados), entre los cuales tú, por supuesto, Moro mío, figurabas en primer lugar, ya que tu memoria, ausente, no menos suelo disfrutarla que cuando estás presente, que es la cosa, te aseguro, que más me satisface y ninguna hay para mí más dulce.

Así que me di cuenta de que algo debía hacer y, aunque la ocasión no era la más propicia para una reflexión profunda, se me ocurrió entretenerme haciendo un elogio de la Estulticia.

Preguntas: «¿Qué Minerva te metió semejante cosa en el caletre?». Pues, en primer lugar, la sugerencia me la facilitó tu apellido, que es tan próximo a la palabra *Moria* como tú eres ajeno a su significado, ya que, de acuerdo con la opinión universal, eres lo más ajeno a semejante cosa. En segundo lugar, pensé que este pasatiempo sería de tu agrado, pues sé que te privan las bromas de este tipo si no son vulgares, ni de mala fe ni en manera alguna insulsas, y hasta te gusta,

---

[9] Utiliza aquí Erasmo una palabra griega, y con grafía griega, que es *amoussis,* literalmente «extrañas a las musas», «lejos del arte». La traducción literal de la frase sería «conversaciones iletradas y alejadas del arte». Son tantas las inclusiones de frases, dichos y citas en griego que, sólo en contadas ocasiones y siempre por razones de comprensión, llamaré al lector al pie de página.

[10] No se olvide, en efecto, que Erasmo y Moro había traducido, al alimón, los *Diálogos* de Luciano de Samosata. Puede hablar; por tanto, de *communibus studiis nostris.*

27

en la vida diaria, desempeñar el papel de Demócrito[11]. Y aunque, por la agudeza de tu ingenio, te encuentras, habitualmente, en tus opiniones al otro extremo del vulgo, no obstante, por tu inefable dulzura de carácter y tu afabilidad, tratas de llevarte y te llevas bien, e incluso disfrutas, con todo el mundo. Así que, recibe no sólo con benevolencia este discursillo, prenda del recuerdo de tu amigo, sino que, además, tómalo y protégelo, porque, dedicado como está a ti, ya es tuyo y no mío. Pues está claro que no van a faltar criticones que lo censuren y digan, por un lado, que es una vanidad absurda impropia de un teólogo, y por otro que sus mordacidades no se avienen con la modestia cristiana, y hasta se me acusará de haber intentado reanimar la comedia antigua, o el estilo de Luciano, y hasta de servirme de semejante ocasión para liarme a mordiscos con todos.

A quienes la superficialidad del argumento y su aire jocoso ofendan, deben pensar que no se trata de un invento mío sino que ya lo hicieron así famosos autores del pasado. Homero se divirtió hace muchos siglos con su *Batracomiomaquia,* Marón[12] con su «mosquito» y «salsa de ajo», Ovidio con su «nuez»; Polícrates hizo el elogio de Busiris, igual que hizo su castigador Isócrates; Glauco alabó la injusticia; Favorino, a Tersites y a las fiebres cuartanas; Sinesio, a los calvos; Luciano, a la mosca y los parásitos; Séneca la tomó con la apoteosis de Claudio; Plutarco escribió el diálogo de Grilo con Ulises; Luciano y Apuleyo se ocupan del asno y no sé ahora de quién es el testamento del cochinillo Grunnio Cocorota, del cual se ocupa san Jerónimo. Y, si les place, que me caricaturicen los críticos jugando al chaquete[13] para matar el tiempo o, si lo prefieren, cabalgando una caña. Pues, ¿no

---

[11]   Más de una vez aparecerá la figura de Demócrito (siglo v a. C.), el presocrático filósofo tracio, conocido también como el «filosofo burlón», por la mofa que hacía de las locuras humanas y las críticas despiadadas a las convenciones sociales. Este perfil de Demócrito lo toma Erasmo de Séneca, a quien, como ya he dicho, tradujo.

[12]   Se refiere a Virgilio, Publio Virgilio Marón (70-19 a. C.). Las obras que cita de Homero, Virgilio y Ovidio son apócrifas y las atribuciones no tienen base seria. Polícrates es un retórico (siglo iv a. C.). Favorino era el privado del emperador Adriano, pero sus obras no nos han llegado, aunque consta que alabó a Tersites, feísimo personaje de la *Ilíada;* Sinesio fue un obispo del siglo v que alabó la calvicie; es conocida la sátira de nuestro Séneca, que ridiculiza la deificación del emperador Claudio, al que convierte en calabaza; Plutarco es historiador célebre (siglo ii) y Apuleyo es el no menos célebre autor de *Las metamorfosis,* más conocida como *El Asno de Oro* (siglo ii). San Jerónimo, cuyas obras —sobre todo *Cartas*— traduce Erasmo, es el eremita cristiano que traduce la Biblia al latín, la famosa versión llamada *Vulgata,* texto canónico de la Iglesia.

[13]   Juego de las tablas reales, semejante a las damas, popular sobre todo en Francia.

resultará injusto que, reconociendo a todo el mundo el derecho a divertirse, no se consienta en materia de estudios ningún tipo de chanza, mucho más cuando se habla de obras muy serias que, tal vez tratadas con humor, pueden reportar más provecho al lector, si no es estúpido del todo, que ciertas crípticas y aparatosas disertaciones? Es el caso de aquellas en las que se hace el elogio de la retórica o de la filosofía a golpe de recosidos oratorios, o la alabanza de un príncipe, o con las que tratan de convencer para que se haga la guerra contra el Turco, o se pronostica lo venidero, o se levanta todo un tinglado con cuestioncillas de ninguna monta[14].

Nada hay más tonto que tratar las cosas serias tontamente, pero tampoco hay nada tan divertido como tratar así, seriamente, las sandeces, de tal manera que parezca que no lo son. El juicio que de mí se hagan será suyo. Pero, si mi narcisismo[15] no me hace errar, yo he alabado la estulticia, pero no lo he hecho tontamente del todo.

Si tengo que responder de la acusación de mordaz, he de decir que siempre se ha concedido al ingenio una cierta libertad para que, sin miedo, pueda reírse de las cosas humanas en general, siempre que esa libertad no se convierta en licencia para ofender.

Admiro más que nada la delicadeza de los oídos de nuestro tiempo, que no soportan oír nada que no sean halagos desmesurados. Añado los casos, que seguramente has observado, de gentes incluso religiosas que admiten que se hagan gravísimos ultrajes a Cristo, pero no que se pueda salpicar al pontífice o al príncipe con un inocente juego verbal, sobre todo, claro, cuando puede afectar, además, al condumio. Yo me pregunto si aquello que trata de juzgar la vida de los hombres, de suerte que no zahiera a nadie de manera concreta, puede ser considerado como un ataque o más bien como una enseñanza e incluso como una advertencia. ¿No me critico a mí mismo lo que atribuyo a otros? Y, por otra parte, si no pasa por alto ninguna clase de hombre en concreto, eso significa que no se excluye a nadie, sino que se miran con rigor todos los vicios. Así pues, si alguien se considera herido, una de dos, o se ve acusado por su propia conciencia o su miedo tiene

---

[14] Erasmo escribe la expresión «lana caprina», lana o pelo de cabra, frase vulgar que equivale a nadería, fruslería. Yo traduzco, teniendo en cuenta el contexto, por «cuestioncillas».

[15] *Filautia,* en griego en el original, como tantas expresiones que ni siquiera puedo señalar por lo prolijo que sería, es «narcisismo», «amor a sí mismo»; también «egoísmo» y «amor propio».

motivos. Destacó mucho más en esto el gran Jerónimo, más libre y más mordaz, incluso añadiendo los nombres en algunas ocasiones. En cambio, yo no sólo me abstengo absolutamente de facilitar nombres, sino que, además, he templado el estilo, al punto de que el lector sensato entiende, enseguida, que mi intención es más la de divertir que la de zaherir. Ni siquiera he seguido el ejemplo de Juvenal, removiendo la oculta y fétida cloaca, sino que he preferido presentar lo risible a lo abominable. Con todo, si hay alguien a quien ni siquiera esto convence, recuerde al menos esto: que es hermoso que la estulticia recrimine, y que, ya que la he puesto a hablar, me he visto obligado a caracterizarla de persona.

Pero, ¿a qué viene todo eso a ti, que eres un abogado tan singular que incluso eres capaz de convertir en óptimas las causas no precisamente justas? Salud, pues, elocuentísimo Moro; defiende tu *Moría* con ardor. En el Campo, en el quinto día de los Idus de Junio[16].

---

[16] Nueve de junio de 1508; fecha poco probable. Debió de escribir la dedicatoria en el verano de 1509, en Londres, en casa de Moro. Retrotraerla al comienzo del verano anterior es una licencia para justificar el *Ex Rure,* «En el Campo», dando, así, a la pieza más exotismo y justificando el inicial detalle del tiempo que «tuve que hacer a caballo».

Encomio de la Moría
o Elogio de la Estulticia

Declamación de Erasmo de Rotterdam

Habla la Estulticia

1.   Aunque el vulgo diga de mí barbaridades (pues no soy necia, como suelo oír a los muy necios), sin embargo, soy aquella, la única desde luego, que cuando quiere, hace reír a los dioses y a los hombres, y si acaso tenéis necesidad de alguna prueba contundente, ahí está el hecho de que nada más verme llegar a esta concurrida reunión, dispuesta a dirigiros la palabra, las caras de todos dieron muestras de una insólita hilaridad, de repente desfruncísteis el ceño, aplaudísteis mientras reíais a gusto, y hasta tengo para mí que los presentes, como sucedía a los dioses Homéricos, están embriagados con néctar mezclado con nepenta, mientras antes aparecían tristes y nerviosos en los asientos, como si acabaran de salir de la cueva de Trofonio[17]. Por otra parte, como sucede siempre, que cuando aquel primer y hermoso sol muestra su áurea boca a los campos, o cuando, después del áspero invierno, la nueva primavera esparce los favónicos efluvios[18], parece como si todas las cosas adquirieran nuevo rostro, nuevo color y hasta parecen investirse de una nueva juventud, así vosotros, apenas me habéis vislumbrado, habéis cambiado de cara. Mi sola presencia ha conseguido lo que los mejores oradores, con gran dificultad y muy pocas veces, consiguen con aquellos discursos largos y muy meditados: disipar las molestas preocupaciones del espíritu.

De qué va el discurso

2.   Si queréis saber el motivo de mi presencia ante vosotros con talante tan insólito, yo os lo daré, siempre que no encontréis enojosas

---

[17]   La nepenta es la hierba del olvido. Se añadía a la bebida, al vino, y quien bebía olvidaba toda preocupación. De ella habla Homero en la *Odisea*. El fratricida Trofonio, tal como cuenta Luciano en los *Diálogos* —en el III— que Erasmo y Moro tradujeron, fue enterrado en la cueva de un oráculo, que, a partir de entonces, no auguraba más que tristezas y desgracias a quienes iban a consultarlo.

[18]   Favonio es el céfiro, el viento fecundador de poniente. De ahí «favónicos».

mis palabras y os avengáis a escucharlas con atención; pero no con las orejas con que acostumbráis a escuchar a los oradores sagrados, sino con las que ponéis a los charlatanes, a los juglares y a los payasos, con aquellas que, hace mucho tiempo, puso aquel nuestro Pan a Midas[19].

La verdad es que me apetece hacer un poco el sofista ante vosotros, aunque no a la manera de éstos que, hoy día, se dedican a atiborrar la cabeza de los niños de tonterías, de tal suerte que acaban siendo más tercos que las mujeres cuando discuten, sino que quiero imitar a aquellos antiguos, que, para evitar que se les llamara con el infamante título de «sofores», «sabios», prefirieron ser llamados «sofistas»[20], Toda la preocupación de aquellos consistía en cantar las glorias de los dioses y de los eximios varones, pero ahora no vais a escuchar el elogio de Hércules o de Solón sino mi propio elogio, es decir, el de la Estulticia.

Defensa del autobombo

3. Quiero decir, antes de nada, que para mí no son sabios los que andan diciendo por ahí que es de muy tontos y muy insolentes eso de darse autobombo. No me importa reconocer que puede ser del género tonto, pero que no me nieguen que puede ser también muy pertinente. Porque, ¿a quién le corresponde con más derecho que a la Estulticia misma ser portavoz de sus propias alabanzas y darse autobombo[21]?

¿Quién puede hacerme famosa mejor que yo misma, a no ser que presuma de conocerme mejor aún de lo que yo me conozco? Y no es, por cierto, que me considere menos humilde que esos hom-

---

[19]   Alusión clara a la *Metamorfosis* de Ovidio, donde se cuenta la leyenda de Midas, a quien el dios Pan cambió las orejas por las de un burro, por haber preferido la flauta del propio Pan a la lira.

[20]   Mantengo el *sophorum* de Erasmo (del anticuado latino *sophos, sophus,* del griego *sofós*) porque su misma utilización denota la carga de arcaísmo que el autor busca. Al traducir *Sophorum* por «Sofores» no hago sino marcar esa vetustez, ese rechazo del término «sabios-sofores» que él mismo está utilizando, para llegar al de «sabios-sofistas», que es la innovación. La razón la ofrece enseguida: vamos a pasar de la Mitología y del ditirambo a la realidad, a las limitaciones de la naturaleza humana, en buena parte vulgar y llena de debilidades.

[21]   La expresión griega que utiliza: *auté eautén aule* equivaldría a «tocar la flauta para sí mismo», darse autobombo. A partir de ahora, ahorraré al lector el detalle de algunas traducciones, pues, sobre todo si atiendo a las cuñas en lengua griega que introduce, haría imposible una lectura tranquila del texto.

34

bres, a los que la gente considera magníficos y sabios, que, a la verdad, sin pudor alguno, lo que hacen es alquilar a un retórico pelota o a un poeta «vaniloco», que, forzados por los favores recibidos, les dedican ditirambos, es decir, sólo mentiras. Lo cual no impide, desde luego, que el alabado, a gusto con las plumas del pavo real que se ha puesto, aunque afectando una humildad que no siente, dé la vuelta al ruedo y alce la cresta cuando el imprudente adulador pone a aquella nulidad a la altura de los dioses, ejemplar de todas las virtudes, sin saber siquiera que se encuentra más lejos de ella que la luna de la tierra, ni que lo que pretende es vestir una pequeña corneja con plumas ajenas o pintar de blanco a un etíope o convertir a una mosca en un elefante.

En resumen, me atengo al más que manido refrán que dice que el que no tiene quien lo alabe está en su derecho de alabarse a sí mismo[22].

Confieso con franqueza que no sé qué admirar más, si la ingratitud o la actitud displicente de los mortales para conmigo, pues aunque todos ellos frecuentan mi trato y disfrutan con toda libertad de mis beneficios, nunca ha habido ni uno que haya celebrado las alabanzas de la Estulticia con un agradable discurso, mientras no han faltado frases pomposas, ni veladas, ni aceite en el candil para dedicar loas al Busiris de turno, a Falaris, a las fiebres cuartanas, a las moscas, a la calvicie o a otras calamidades de semejante calaña[23].

Así pues, vais a oír de mis labios un discurso tal vez poco trabajado, y hasta es posible que un poco extemporáneo, pero, por eso mismo, más sincero.

Sinceridad de la Estulticia, pésima correspondencia de los sabios

4. No quisiera que creyérais que mis palabras son rebuscadas, para conseguir, con ellas, la exhibición de mis cualidades como

---

[22]   PUYOL traduce, seguramente porque parece más «proverbial»: «el que no tiene abuela...». Una licencia comprensible y muy aceptable.

[23]   Busiris fue un legendario rey egipcio que se dedicaba a torturar y a asesinar a cuanto extranjero entraba en sus dominios. Falaris asaba a sus víctimas, tal como cuenta Luciano, tan querido de Erasmo.

hombre ingenioso, tal como suelen hacer en estos tiempos los oradores, que, hay que ver cómo desembuchan todo un discurso aprendido desde hace treinta años, que, a veces, ni siquiera es propio, al tiempo que dicen, al desgaire, que lo han escrito o lo han dictado en los últimos tres días. A mí siempre me ha gustado decir lo que me viene en boca.

Que nadie espere, pues, que empiece, de acuerdo con la costumbre vulgar de estos retóricos, haciendo una definición de mí misma; menos aún que adelante un esquema de la materia que voy a tratar, pues no me parece que sea entrar con buen pie comenzar limitando, con trabas absurdas, algo cuyo vigor aparece tan expansivo, ni fraccionar lo que todo a mundo une en su admiración. Además, ¿qué sentido tiene que quiera definirme y hacer mi semblanza, si estáis en condiciones de daros cuenta de que esa no sería más que una apariencia de mí misma, pues me tenéis delante de vuestros ojos? Yo soy, pues, como podéis comprobar, aquella auténtica dispensadora de todos los bienes, la que los latinos llamaron Estulticia y los griegos Moría.

5.   Pero, no sé qué diablos tengo que deciros, como si lo que soy no lo cantaran ya mi cara y mi frente, —que lo hacen mejor que yo—, no vaya a ser que alguien me confunda con Minerva o con la Sabiduría; no tendría que hacer otra cosa que mirarme y sin necesidad, siquiera, de oírme hablar, simplemente por el espejo del alma, que no miente, saldría de su error. No hay en mí lugar para el engaño, ni ofrezco algo en la apariencia que no lleve dentro. Soy siempre, en cualquier lugar, igual a mí misma y ni siquiera pueden disfrazarme aquellos que andan por ahí dándose importancia, reivindicando para sí la más alta categoría de sabios, que son en verdad monas vestidas de seda, asnos con piel de león. Por mucho cuidado que pongan, acaban asomando las espléndidas orejas de Midas. ¡Vive Dios, qué ingrata es para conmigo esta raza de hombres que, aunque forma parte de lo más granado de nuestra panda, ante la gente de tal manera se avergüenza de nuestro apellido que lo arrojan contra los demás como si se tratara de un insulto! Y digo yo que a estos tipos que, siendo como son rematadamente imbéciles, pretenden pasar por sabios y hasta por

Tales[24], ¿no debemos llamarlos, con pleno derecho, «morósofos», es decir, «tontisabios»?

6.   Me ha parecido que debía imitar, en este punto, a los retóricos de hoy, que se creen verdaderos dioses por el hecho de mostrar que, como las sanguijuelas[25], tienen dos lenguas, y por eso presumen de salpicar sus preclaras creaciones con frases latinas y con algunos terminajos grecoides, con lo cual, aunque tales expresiones no vengan a cuento, tejen una especie de mosaico. Ah, y si todavía les parece poco exótico, lo que hacen es sacar de cualquier legajo apolillado cuatro o cinco palabrejas en desuso cuya oscuridad deslumbre al lector, de tal manera que los que las entiendan se sientan más y más envanecidos, mientras que los que no las descifran, precisamente por eso, les rinden mayor tributo de admiración cuanto menos las entienden. Sucede con frecuencia y hasta nos parece, en cierto modo, una elegante manera de entenderlo, que cuanto más peregrinas son las cosas más nos apetecen. Y si a los más ambiciosos eso les parece todavía poco, que rían y que aplaudan y, siguiendo el ejemplo del burro, muevan las orejas, para que los demás se den cuenta de que lo han entendido. Pues eso es, ni más ni menos, lo que hay. Pero, vuelvo a donde estaba.

Currículum de la Estulticia

7.   Sabéis, pues, cómo me llamo, hombres... ¿Qué adjetivo debo añadir? ¿Cuál sino «estultísimos»? ¿Qué otro más honorable podría utilizar la Diosa Estulticia con sus iniciados? Pero, como recelo que hay muchos que ignoran cual es mi origen y naturaleza, me voy a entretener en explicarlo, si las Musas me ayudan.

---

[24]   TALES (siglos VII-VI a. C.), uno de los siete sabios de Grecia, natural de Mileto, Asia Menor, padre de la filosofía natural jónica; astrónomo, geómetra. Se le considera el primer filósofo importante. La palabra *morásofoi,* que he traducido por «tontisabios», es creación de Luciano y la aplica al sabio que se finge tonto. También Moro la utiliza con igual significado en su *Utopía.* Buscando una significación exacta, habría que traducirla como «sabitontos», pero el orden de la formación léxica —Moros y sofos— me obliga a dejarla así, como «tontisabios».

[25]   Lo de las dos lenguas de la sanguijuela es de OVIDIO en su *Metamorfosis.* IV.

Ni el Caos, ni el Orco ni Saturno, ni Japet[26], ni nadie de la raza de esas viejas y malolientes divinidades, ninguno de ellos, digo, fue mi padre, sino «Plutos»[27] en persona, padre de los hombres y de los dioses, mal que les pese a Hesíodo y Homero, y hasta al mismísimo Júpiter, «Opulencia», por cuyo antojo, hoy igual que siempre, tanto arriba como abajo, se mezclan las cosas sagradas con las profanas. A su arbitrio se administran las guerras, las paces, los imperios, los acuerdos, los juicios, las elecciones, las bodas, los pactos, las alianzas, las leyes, las artes, lo que es divertido y lo que es serio —¡me falta el resuello!—; en resumen, todos los negocios públicos y privados de los mortales se mueven a su impulso. Sin su concurso, toda esa caterva de diosecillos de que hablan los poetas, más aún, —y lo voy a decir sin rodeos— hasta los mismos dioses mayores, o dejarían de ser lo que son o, más que comer caliente en su casa de manera habitual, tendrían que alimentarse en frío; la opulencia, a la que si alguien encoleriza, no le valdrá ni el favor de Palas. En cambio, si a ella alguien le cae bien, éste podrá ahorcar al mismísimo Júpiter con sus rayos.

He aquí el padre del que me siento orgullosa. De él nací, pero no de su cerebro, a la manera como salió del de Júpiter la torva y ceñuda Minerva, sino porque me engendró de Neótete[28], la más hermosa y al tiempo la más alegre de todas las ninfas.

Además, yo no estoy aquí por obra del débito conyugal, como nació aquel artesano cojo, sino de una manera mucho más atractiva, de la conjunción de amores, como diría nuestro Homero. Me engendró —y no metáis la pata— no aquel Pluto de Aristófanes, con un pie en la hoya y medio cegato, sino que nací de un Pluto en plena forma y lleno

---

[26] Caos es, según HESÍODO, el origen del mundo. Orco es hijo de Cronos, el Tiempo; y Saturno, dios romano que se identifica con Cronos, es padre de Júpiter, Neptuno y Plutón. Por lo que se refiere a Japet, hay algún traductor que lo identifica con Júpiter, pero no sé por qué: Japet o Japeto es un dios menor, hijo del cielo y de la tierra. Que lo traiga Erasmo a colación tiene sentido precisamente desde esa condición de dios menor, aliado de Orco y del propio Cronos.

[27] Una vez más tengo que disentir de las traducciones al uso. Lo que Erasmo dice en el original, poniéndolo en boca de la Estulticia, es: «plutos (la riqueza, la opulencia, la abundancia), el mismo plutos»; pero no dice Pluto, hijo de Jasio y de Ceres, aunque sea la divinidad de la riqueza. Mucho menos, Plutón, como traduce más de uno, dios de los Infiernos. ¿Qué tiene que ver? Para Erasmo, la estulticia nace de la «opulencia», y esa es la palabra que he elegido para traducir *plutos.*

[28] Neotes-neótetos, juventud, ocupando el lugar de Hebe, la diosa de los jóvenes. Como en el caso de *plutos,* Erasmo prefiere utilizar el concepto al personaje. Claro que Neótete no es una ninfa, ni una diosa, pero, para él, es «la más hermosa...».

de juventud, y no sólo lleno de juventud sino rebosante del néctar que solía beber en los largos y generosos convites con los dioses.

8.   Si me preguntáis ahora cuál es mi lugar de nacimiento —pues parece que hoy día se tiene como primer timbre de nobleza el lugar en que has soltado tu primer berrido— os responderé que no he visto la luz ni en la errática Delos, ni en el mar ondulado, ni en las cavernas profundas, sino en aquellas islas afortunadas, donde todo crece espontáneamente y sin necesidad de cultivo, donde no se conoce ni la fatiga, ni la vejez, ni la enfermedad, y cuyos campos no cosechan el gamón, ni la malva ni la cebolla, ni el altramuz o el haba, ni otras porquerías por el estilo. Allí, lo mismo que en el jardín de Adonis, lo que deleita por doquier la vista y el olfato son el ajo áureo y la panacea, la nepenta, la mejorana, la artemisa, el loto, la rosa, la violeta y el jacinto.

Nacida en medio de semejantes delicias, no empecé llorando mi existencia sino que sonreí amorosamente a mi madre en cuanto la vislumbré. Y no envidio a Júpiter la cabra que lo amamantó, pues a mí me alimentaron con las mamas de dos deliciosas ninfas: Mete, primogénita de Baca, y Apedia, hija de Pano[29], Las dos están, como podéis ver, entre las demás de la comitiva, formando parte de mi séquito.

Si queréis conocer el nombre de las demás, los vais a oír, pero, por Dios, que no será sino en griego.

9.   Ésta que veis de rostro tan altivo es Filautía[30]; esta otra, de mirada risueña, cuyas manos están siempre dispuestas a aplaudir, es Colaquía; aquella, que parece siempre adormilada, es Lete; esta otra que apoya los codos y entrecruza los dedos, es Misoponía; aquella, coronada de rosas y por todas partes perfumada, es Hedoné; la de la mirada lúbrica y escurridiza es Anoia; ésta, de piel casi transparente y de cuerpo gentil y torneado tiene el nombre de Trife. Estáis viendo, asimismo, dos diosecillos metidos entre las muchachas, a uno de los cuales llaman Comon y al otro Negreton Hipnon. Con la ayuda de

---

[29]   Mete es la Embriaguez, la Borrachera; Apedia es la Ingenuidad, hija de Pano. Ni que decir que, en la línea de su tiempo, Erasmo inventa los dos personajes, tanto el de Mete como el de Apedia, que son, en efecto, la embriaguez y la ingenuidad o ignorancia.

[30]   Filautía: el amor a sí mismo; Colaquía es la adulación; Lete es el olvido; Misoponía es la pereza; Hedoné es el placer, la voluptuosidad; Anoia, la demencia; Trife es la molicie; Comon es el festín y Negreton Hipnon es la sublime modorra.

estos fieles criados, todas las cosas se ponen a mis órdenes y así soy emperadora sobre los emperadores.

Semejante a los dioses, tiene poder sobre el origen del hombre

10. Habéis oído mi origen, mi educación y mi séquito. Ahora, para que nadie vaya a pensar, sin razón, que usurpo el nombre de una Diosa, poned las orejas a punto y escuchad cuán grandes son las mercedes que concedo a los dioses y a los hombres y cuántos reconocen mi genio. En efecto, si alguien ha escrito, y no sin razón, que es propio de Dios ayudar a los mortales, y si por su mérito fueron admitidos al senado de los dioses aquellos que enseñaron a los mortales el uso del vino, del trigo o de cualquier otra cosa que redunde en su beneficio, ¿por qué no voy a ser y llamarme yo, por derecho propio, *alfa* de todos ellos, cuando soy la que mayores bienes concedo?

11. Por principio, ¿qué puede haber más dulce y más hermoso que la vida misma? Y, siendo así, ¿quién tiene más que ver que yo con el origen de la vida? Ni la lanza de Palas, diosa nacida del poderoso padre, ni el escudo de Júpiter, el dios que engendra las tormentas, tienen nada que ver con la génesis y la propagación de la especie humana. El mismo padre dios y rey de los hombres, que, con un solo gesto, hace temblar el Olimpo, no tiene inconveniente alguno en dejar de lado sus rayos triplicados y su rostro Titánico, con el que, cuando le da la gana, aterroriza a todos los dioses, para ponerse una máscara divertida, como lo hace un histrión, cuando quiere hacer lo que nunca deja de hacer, es decir, echar hijos al mundo.

Ya los estoicos se consideran próximos a los dioses. Pues... dadme un estoico que sea tres o cuatro o, si queréis, seiscientas veces más estoico que cualquier otro, y estad seguros de que conseguiré, si no que renuncie a su barba, atributo de su sabiduría, —común también a los machos cabríos— sí, por lo menos, que desarrugue el entrecejo y distienda la frente, renunciando a sus dogmas más que inflexibles y haciendo, tal vez, alguna barbaridad o calaverada. En resumen: a mí y sólo a mí tendrá que acudir el sabio si alguna vez quiere ser padre. ¿Y por qué no he de hablar con vosotros con toda claridad, tal como es mi costumbre? Pregunto: ¿acaso los dioses o los hombres engendran con la cabeza, con el rostro, con el torso o con las manos, con las orejas o con alguna de las llamadas partes honestas? Creo que no; la propagadora del género humano es aquella parte tan imbécil, tan ridícula incluso, que ni siquiera puede ser nombrada sin que dé risa. Esta es, precisamente, la fuente sagrada de donde fluye la vida con más verdad que del sistema cuaternario de Pitágoras[31]. Porque, decidme, ¿qué hombre tascaría voluntariamente el freno del matrimonio si, como suelen hacer los sabios, reflexionara seriamente en las incomodidades que lleva consigo, ni qué mujer consentiría que se le acercase un varón si pensase en los peligrosos avatares del parto y la pesadez de la educación y la crianza de los hijos? Si debéis la existencia al matrimonio y el matrimonio se debe a la Demencia, que es mi criada, supongo que entendéis claramente lo que me debéis a mí. Y, ¿qué mujer que haya experimentado aquellos avatares del parto y demás, volvería a querer pasarlos si no fuera por el Olvido? La misma Venus, pese a la protesta de Lucrecio, vería su poder reducido y menguado si no contara con nuestra ayuda. Pues bien, de estas mis ocurrentes bromas de borracho nacieron los ceñudos filósofos a los que hoy han sucedido los que la gente llama frailes, los reyes vestidos de púrpura, los piadosos sacerdotes y los tres veces santísimos pontífices. Finalmente, toda la caterva de dioses menores, tan numerosa que apenas cabe en el Olimpo, a pesar de que es muy espacioso.

El placer, bien supremo

12.   Muy poco supondría, sin embargo, haber probado que soy yo el principio y la fuente de la vida si no probase, además, que todo lo bueno que hay en el mundo es, asimismo, demostración evidente de mi generosidad. ¿Qué sería, en efecto, la vida —si pudiera seguir llamándose vida— si borráis de ella el placer? Veo que aplaudís; ya sabía yo que ninguno de vosotros se lo había planteado, o, mejor dicho, que ninguno había perdido el juicio hasta tal punto, o incluso que no fuera tan extremadamente cuerdo como para tener criterio acerca de ello. Los estoicos mismos, que, aunque es verdad que no despre-

---

[31]   Va contra la doctrina de los pitagóricos (siglos VI-V a. C.) que asegura que la esencia de todo lo criado son los números y que los cuatro primeros sostienen el cosmos.

cian el placer, saben disimularlo con gran perspicacia, pues aunque es verdad que cuando tienen público dicen del placer verdaderas perrerías, lo hacen sólo con la intención de que les dejen el campo libre para poder ellos, después, disfrutar a sus anchas. Pero, díganme, por Júpiter, qué aspecto de la vida no resulta triste y aburrido, insípido y fastidioso, si carece de placer, es decir, sin el condimento de la estulticia. Lo demostró mejor que nadie y con los mejores argumentos el nunca bien ponderado Sófocles, a quien se debe aquel magistral elogio de nosotros: «La vida más feliz se encuentra en el desconocimiento total».

Pero, voy a demostrar en cada caso todo lo que he dicho.

La infancia y la Estulticia; beneficios que aporta a la vejez

13. ¿Quién ignora, de entrada, que la primera edad del hombre es muy alegre, la más feliz de todas? ¿Y qué es, precisamente, lo que hay en los niños que nos mueve a besarlos, a abrazarlos, a acariciarlos y que, en esa edad, hasta parece conmover a los enemigos, sino el candor de la estulticia que, a modo de regalo, concede la naturaleza a los recién nacidos, como si quisiera dar alguna compensación a los esfuerzos de la crianza o hacer más llevaderos los trabajos de la educación?

Después, la adolescencia, que sucede a la niñez, ¡qué encantadora es para todos, cómo están todos dispuestos a socorrerla por su ingenuidad, cómo ayudan todos y todos tienden su mano protectora!

Y así, pregunto de dónde procede ese encanto juvenil. ¿De dónde sino de mí, a quien se debe también que los que menos saben sean, asimismo, los que menos se enojan? Y si tenéis alguna duda, no tenéis más que fijaros en que, a medida que el adolescente va entrando en años y comienza a hacerse con algunos conocimientos, ya por la experiencia de las cosas, ya por el estudio de las materias científicas, empieza también a marchitarse la esbeltez de sus formas, languidece su elegancia, se enfría su donaire y se pierde su vigor. Cuanto más se aleja de mí, menos vive, hasta que, al final, llega a la fastidiosa vejez, es decir, a la molesta ancianidad, tan insoportable para los demás como para uno mismo. Esa que ningún mortal podría soportar si yo no le echo una mano para librarlo de tanta miseria, y, de la misma manera que los dioses de que nos hablan los poetas acuden presurosos en socorro de sus protegidos con una oportuna metamorfosis cuando se encuentran a punto de perecer, también yo, cuando los veo próximos al sepulcro, si me resulta posible los devuelvo a la niñez. Por eso, y no sin razón, la gente llama a la vejez «segunda infancia». Y si alguien pregunta por el conjuro de semejante transformación, no seré yo quien se lo hurte. Los conduzco hasta el manantial de nuestra Lete[32], —que nace en las mismas Islas Afortunadas, el que corre por el infierno no es más que un pequeño afluente—, para que, bebiendo abundantemente el agua del olvido, vayan poco a poco diluyendo en ella sus penas y preocupaciones y se vuelvan a hacer niños. Pero eso es chochear, dirán, eso es estar alienado. Tienen razón. Pero eso mismo es volver a ser niño. ¿O acaso ser niño es otra cosa que no sea desbarrar y echar a volar la imaginación? ¿No es precisamente su absoluta ignorancia lo que más nos encanta en esa edad del niño? ¿Quién no detesta y aborrece, como a una monstruosidad, a un niño con la sabiduría de un adulto? La gente, por eso, repite siempre el refrán: «Odio a un chiquillo de precoz sabiduría». A nadie le gustaría la amistad o el trato de un anciano, que, a su gran experiencia de las cosas, une la plenitud del vigor y la severidad del criterio. Cierto que chochea el anciano por mi culpa. Pero también se ve libre a tiempo de la angustia que atenaza al sabio. Mientras tanto, también es un compañero de trago nada desagradable. Ignora el tedio de la vida, ese que difícilmente se soporta incluso en edad más robusta. Y aún encontramos alguno que, como el viejo de Plauto, si no vuelve a pronunciar las tres letras, se considera muy desgraciado[33]. Mientras tanto, y gracias a mis favores, es feliz; en ese tiempo resulta agradable para sus amigos y no es mal compañero en las francachelas. Algunas veces vemos en Homero cómo la boca de Néstor deja escapar palabras más dulces que la miel, mientras de la de Aquiles fluyen amargas, al tiempo que los ancianos que se sen-

---

[32] No se olvide —y perdón por la falsa tautología— que Lete, una de las supuestas ninfas del séquito de Estulticia, es el Olvido. El afluente es el río Leteo, el río del olvido, que corre por el mismo Averno, en cuyas aguas los condenados beben el olvido de su desgracia.

[33] Las tres letras son AMO, es decir, la primera persona del singular del presente de indicativo del verbo *amare*. Utilizando una expresión mucho menos delicada, equivaldría a «funcionar sexualmente».

taban al pie de las murallas dejaban oír «apacibles cháchares»[34]. De lo que deduzco que, en cierto modo, la vejez supera a la infancia, edad apacible, sin duda, pero que carece del principal aliciente de la vida, es decir, el palabreo.

Añadid a esto que los viejos se divierten lo suyo con los niños, aunque también éstos se lo pasan bien a costa de los ancianos, «pues Dios junta al que se parece con su parecido». ¿Qué es lo que no se parece entre ellos si no es las muchas arrugas del anciano y los muchos cumpleaños que suma? Por lo demás, todo los iguala: la blancura de los cabellos, la boca sin dientes, la debilidad corporal, las ganas de tomar leche, los balbuceos, lo insustancial de su charla, la simpleza, la falta de memoria, la falta de reflexión, en suma, todo lo demás.

Cuanto más entran en la vejez, más regresan a la infancia, hasta el punto en que, como les sucede a los niños, se van de la vida sin hastío de la vida y sin tener idea de la muerte.

Más beneficios
de la Estulticia que de los dioses

14.   Compárense, pues, estos bienes que yo dispenso a manos llenas con las metamorfosis que regalan los demás dioses. Y no me refiero a las que obran cuando se encuentran irritados sino las que regalan a las personas a las que se sienten favorablemente inclinados, que es cuando suelen transformarlas en árbol, en ave, en cigarra y hasta en serpiente. Como si hacer eso no equivaliera también a morir. ¡Yo sí que le devuelvo al hombre el mejor y más feliz tiempo de su vida!

Si los mortales se abstuvieran de todo trato con la sabiduría y se entendieran conmigo durante todas las etapas de su vida, disfrutarían felizmente de una juventud eterna.

¿No veis esos tétricos seres que, antes de que sean plenamente jóvenes, ya han envejecido por culpa de los estudios de la filosofía o por los graves y constantes sobresaltos de los negocios, pues los muchos desvelos y el mucho y agrio pensar los dejan sin fuerzas y

---

[34]   *Odisea,* XVIII.

les exprimen su vitalidad? Todo lo contrario de lo que les sucede a mis queridos tontos, gorditos, rechonchos y relucientes, con una piel más tersa que los cerdos de Acarnania[35] y sin notar nunca los achaques de la ancianidad, salvo alguna vez que se infectan con el contagio de los sabios. Nada lleva tan mal la vida de los hombres como el no poder ser felices. No está nada mal el testimonio del refrán popular que asegura que la estulticia es una cosa que detiene el paso de la fugacísima juventud y frena el avance de la inútil vejez. Para no temer aquello que se dice de los naturales de Brabante: mientras los demás, con la edad, se van haciendo más provectos cuanto más se van acercando a la vejez, aquellos, por el contrario, más y más tontos se vuelven. Y eso que no hay pueblo como ése, que tanto guste de la diversión y tan poco sienta la tristeza de la ancianidad. Mis Holandeses son iguales, como vecinos y parecidos en el modo de vida. Y ¿por qué no voy a llamarlos míos, cuando con tal afecto cultivan mi trato, que hasta el pueblo les puso un remoquete? Que no sólo no los avergüenza sino que ellos mismos se lo adjudican como un honor.

Vayan, pues, los mortales más tontos en busca de las Medeas, las Circes, las Venus y las Auroras, a la fuente que prefieran, a pedir que les devuelvan los días de la juventud, cuando soy yo la única que puede y suele hacerlo. Está en mí aquel elixir milagroso con que la hija de Memnón prolongó la juventud de su abuelo Titono. Yo soy la Venus que devolvió a Faón a la pubertad, de tal manera que Safo se enamoró perdidamente. Mías son las hierbas, si las hay, míos los conjuros, mía la fuente que no sólo devuelve la perdida adolescencia sino que —lo cual es mucho mejor— la guarda para siempre.

Si estáis de acuerdo conmigo en que no hay nada mejor que la juventud ni cosa más detestable que la vejez, sin duda reconoceréis también que no estáis más obligados a nadie que a mí, que hago que dure el bien y abrevio el mal.

---

[35] Gordo, rechoncho y reluciente son las adjetivos que se aplica a sí mismo Horacio, como cerdo de la piara de Epicuro. Por supuesto, los cerdos de Acarnania a los que se refiere Erasmo son los propios epicúreos, considerados como gentes que buscan el placer por encima de cualquier prejuicio de carácter moral.

Estulticia de los dioses

15.   Pero ¿por qué tanto hablar de los mortales? Otead el cielo y caiga sobre mi nombre cualquier tipo de maldición si no se debe a mí cuanto hay en los dioses que no sea áspero y despreciable. Decidme, si no, ¿por qué aparece siempre Baco joven y con una ondulante cabellera? Sencillamente porque, pasándose como se pasa toda la vida en futilidades y borracheras, en comilonas, saraos, canciones y juegos, no tiene, sin embargo, ningún tipo de relación con Palas. E incluso la mantiene a considerable distancia porque lo que de verdad le gusta no es ser considerado sabio sino ser denostado, y disfruta cultivando toda clase de juegos. Tampoco se ofende por el proverbio, con el que se le llama necio, es decir, aquel que al atribuírselo a alguien dice que «es más tonto que Mórico», nombre que se daba a la estatua sedente del dios que se colocaba a la puerta de los templos y que los vendimiadores solían embadurnar con mosto y zumo que extraían de los higos maduros. ¿Qué burlas no se han hecho, a propósito de esto, en la Comedia Vieja? «¡Estúpido dios —dicen—, en un muslo tenías que nacer!»[36].

Pese a lo cual, ¿quién no preferiría ser como él, soso y necio, con tal de seguir viviendo eternamente joven, siempre alegre y pendiente de pasatiempos y regocijos, en vez de ser como el formidable Júpiter, al que todos temen, o como Pan, que lo embrolla todo con sus estrépitos, o Vulcano, siempre delgado por culpa del mucho trajín de la fragua y siempre cubierto de pavesas, o Palas, a todas horas armada con su lanza y su Gorgona y siempre mirando sañudamente?

¿Por qué un Cupido siempre niño? ¿Por qué, si no porque es tan simple que su simpleza lo lleva a no... qué digo a no hacer, ni siquiera a pensar algo con cabeza?

¿Por qué la dorada Venus renueva continuamente su belleza? Sin duda alguna porque tiene algún parentesco conmigo y de ahí viene el que haya heredado el tono de piel de mi padre, y esa fue la razón por la que Homero le regaló el título de *áurea Afrodita,* Por eso está

---

[36]   Baco recibe varios nombres, entre ellos el de Dionisos y el que ahora se cita, Mórico. El dios del vino es el dios tonto, pierde la razón. Hijo de Sémele, un rayo alcanzó a su madre, razón por la que se aloja en un muslo de Júpiter, donde nace.

siempre riente, si damos crédito a los poetas y a sus émulos los escultores.

¿Han tenido los romanos alguna vez un culto más religioso que el de Flora, diosa de todas las voluptuosidades? Por más que se busque como ejemplo la vida de aquellos severos dioses en Homero y demás poetas, la vamos a encontrar absolutamente llena de estulticia. ¿Hace falta recordar los amores y devaneos de Júpiter, el mismo de los rayos fulminadores, más que de sobra conocidos? ¿O nos fijamos en aquella severa Diana, que se olvida de su condición femenina, que no busca otra caza que la de Endimión, del que está perdidamente colada? Yo, antes, solía escuchar a Momo contar semejantes andanzas. Pero, no hace mucho, irritados porque sus denuncias perturbaban su tranquilidad, lo arrojaron, igual que hicieron con Até, a la tierra. Nadie entre los mortales ha querido dar acogida a este desterrado; tanto fastidia que semejante tipo pueda instalarse en los salones de los príncipes, en los que, por el contrario, mi Colaquía (adulación) es la más importante, y es claro que no tiene con Momo más parecido que el lobo con el cordero. De este modo, los dioses, liberados del indiscreto Momo, y sin censor alguno de sus acciones, pudieron entregarse más lujuriosa y libremente a «lo que les viene en gana», como dice Homero.

¿Qué jueguecitos no ofrece el higueril de Príapo? ¿Qué diversiones no exhibe con sus raterías y juegos de manos Mercurio? Y es el mismo Vulcano el que, en los banquetes de los dioses, suele hacer reventar de risa la reunión de borrachos, bien con su cojera o bien con sus chistes o con las mamarrachadas que dice. Sileno, el famoso viejo verde, acostumbra a bailar, al son de la lira, la danza orgiástica con Polifemo, las Ninfas bailan lo suyo durante las Gimnopedias. Los Sátiros, medio cabras, representan las Atelanas; Pan, con cualquiera de sus cancioncillas insulsas, provoca las risas de todos, que, además, lo prefieren a escuchar a las musas, sobre todo cuando ya se encuentran empapados de efluvios nectarinos. ¿Tengo que recordar yo ahora lo que hacen los dioses después de esos banquetes, cosas, ¡vive Dios!, tan estúpidas que, al recordarlas, apenas puedo contener la risa? Y, vale ya de hacer memoria de Harpócrates, no vaya a ser que acaso lo esté oyendo uno de esos dioses Espías del Parnaso, y les cuente a los demás esas cosas que ni el mismo Momo pudo contar impunemente[37].

La Estulticia, sobre la razón

16.   Pero es ya tiempo de que, siguiendo a Homero y abandonando las regiones celestes, volvamos de nuevo a la tierra para demostraros que aquí, como allí, no hay nada alegre ni feliz sin mis favores. Y, en primer lugar, notad cuán solícitos cuidados ha puesto Natura, creadora y artífice del género humano, para que no falte atractivo a la estulticia. Y si, según los estoicos que la han definido, la sabi-

---

[37]   Pese a las posibles dudas que hayan podido salir al paso al lector en los últimos párrafos, no he querido cortar la narración de Erasmo con notas puntuales en cada ocasión. Lo hago en este punto, convencido de que es mejor, incluso, releer después de aclarar algunos conceptos y señalar el papel de cada uno de los personajes.

Pan es el dios de los bosques y Vulcano el del fuego y los metales fundidos; Palas Atenea es la diosa de la guerra y Gorgona representa aquí no a la medusa sino al escudo de Palas Atenea, en el que figura la monstruosa cabeza de Gorgona. Afrodita es el nombre tradicional de Venus y Flora es la diosa de las plantas. Eran famosos los amoríos de Júpiter: Por lo que se refiere a Diana, la diosa de la luna, el mito dice que se enamoró del cazador Endimión y que su abrazo fue eterno, como cuenta JUVENAL *(Sátiras,* X). Momo es un personaje que no pertenece al panteón sino que es creación literaria, alguien que se ríe de los mortales. Até es la ceguera y la fatuidad, arrojada a la tierra por Júpiter por lo mucho que incordiaba.

Entre Homero —en la *Ilíada*— y Ovidio —también Horacio—, las curiosas historias de estos personajes del Mito quedan bien definidas.

Por lo que se refiere a Príapo, el grotesco hijo de Baco y de Venus, no olvidemos que es el dios que preside los huertos. De ahí el despectivo *higueril (ficulnus,* de higo), que no acaba de convencerme pero que no tiene alternativa castellana que yo conozca. Lo que no me sirve es el apaño de «Príapo desde la higuera» o, peor todavía, «aquel Príapo de higuera». Más significativo hubiera sido, incluso, decir «Príapo, que está en la higuera» o que *anda al higuí,* de acuerdo con el viejo juego carnavalesco. *Higueril* resume todo, lo grotesto de Príapo y la representación, obscena, del dios con su enorme falo, de palo de higuera.

Mercurio es el dios del comercio, que lleva aparejado, según Erasmo —y tantos otros— el hurto; Sileno es compañero de borracheras de Baco. Por lo que se refiere al *córdax* —así lo traducen, sin traducirlo— es, simplemente, un baile o danza obscena y orgiástica que, a mi entender, no hay por qué dejar de traducir; en la Comedia Antigua la encontramos frecuentemente. Polifemo es el cíclope homérico, más conocido, seguramente, gracias al poema de GÓNGORA, quebradero de coco de los estudiantes españoles durante los años sesenta en las pruebas de acceso a la Universidad. Los Gimnopedias eran fiestas espartanas que se celebraban todos los años en honor de Apolo y Diana: jóvenes desnudos ejecutaban danzas y ejercicios gimnásticos. Los atelanas, en cambio, que también eran danzas a cuerpo desnudo, ya tenían carácter obsceno y eran ejecutadas por profesionales *(¿striptease?).* Harpócrates es el dios del silencio.

Córico es alusión a la cueva Coricia, en la falda del monte Parnaso, pero lo es, sobre todo, al que «escucha con curiosidad», al «espía» *(Coryceus),* aunque la referencia viene de la ninfa Coricia que habita y vigila desde la cueva.

duría no es otra cosa sino el gobierno de la razón, y, por el contrario, la estulticia es dejarse arrastrar por las pasiones, ¿cómo es que Júpiter puso más pasión que razón, si no es para que la vida no fuera del todo triste y sombría? Como comparar una semionza con un as[38]. Por eso relegó a la razón a un pequeño rincón de la cabeza, mientras abandonó a las conmociones todo el resto del cuerpo. Y además, le puso al hombre dos tiranos violentísimos y enfrentados: la ira, que aparcó junto al corazón, fuente de vida, y la concupiscencia, que, más abajo, ocupa vastísimo imperio hasta el pubis.

El poder que tiene la razón frente a estas dos fuerzas gemelas lo demuestra claramente la vida de la mayoría de los hombres, pues, aunque pueda desgañitarse clamando por la justicia hasta enronquecer, ellas, las dos fuerzas, mandan a hacer gárgaras a su soberano, protestan de manera tan estentórea que la pobre razón, fatigada, acaba por ceder y ofrece su mano.

La Estulticia, el mayor encanto de la mujer

17.   Por lo demás, como el hombre ha nacido para gobernar las cosas, había que darle una pizca más de razón, a fin de que pueda tomar las decisiones que le corresponden, por lo cual se me consultó, como suele hacerse en el resto de las cosas, y yo di un consejo, como siempre, digno de mí: que se colocara al lado del hombre a la mujer, que es un animal necio y simple donde los haya, pero, cómo no, gentil y cariñosa compañera que, en el hogar, suaviza y hasta endulza, con su estulticia, la natural melancolía y aspereza del carácter varonil. Puesto que esa duda que parece tener Platón a la hora de colocar a la mujer con los animales racionales o con los brutos no es sino la manera de indicarnos la superior estupidez de su sexo. Es evidente que, si por casualidad, alguna mujer pretende que se la tenga por juiciosa y sabia, nada conseguirá si no es ser dos veces estúpida y hasta diría que sería como llevar un buey a la escuela, mal que le pese y aunque, como dicen, se oponga Minerva. El vicio se muestra más abultado en aquel que, artificiosamente, pretende revestirse de la apariencia de virtud, violentando su natural inclinación; y, de la misma manera que, como

---

[38] El as, equivalente a la libra de doce onzas, es la primera moneda romana.

dice el proverbio griego, «por más que la mona se vista de púrpura, mona sigue siendo», así la mujer será siempre mujer, es decir, tonta, por más que se adorne con la apariencia de persona.

Aunque haga esta afirmación, no creo que las mujeres sean tan tontas que vayan a ofenderse porque alguien, al fin y al cabo una mujer como yo, viva encarnación de la estulticia, las califique de tontas; si bien lo piensan, incluso deberían estarme agradecidas, pues, gracias a la estulticia, su sexo es mucho más feliz que el masculino.

Tienen, en primer lugar, la gracilidad de las formas, que ellas estiman por encima de cualquier otra cosa, y con cuyo atractivo ejercen la tiranía sobre los mismos tiranos. ¿De dónde creéis que nace, sino de la cordura, la desaliñada presencia del varón, con su piel peluda de oso y esa barba hirsuta, que le dan aspecto de viejo aun siendo joven, mientras en la mujer vemos siempre su voz delicada, su piel tersa, como si fuera la imagen de la juventud imperecedera? Además, ¿qué le preocupa en la vida si no es estudiar la manera de agradar cada vez más al hombre? ¿Buscan otra cosa sus maquillajes, sus tintes, sus sales de baño, sus peinados, sus afeites, sus perfumes, en una palabra, cuantos artificios emplea para componerse, pintarse y acondicionar rostro, ojos y piel? ¿Hay, pues, algo que las haga más atractivas para el hombre que su estupidez? ¿Hay algo que los hombres no les permitan? ¿Y qué piden a cambio de ellas sino el placer? No hay otra cosa que les guste tanto en ellas como la estulticia, y no habrá nadie, piense lo que quiera en su fuero interno, que no sea capaz de disculpar las necedades que el hombre dice a una mujer y las bobadas que hace cuantas veces trata de disfrutar de ella.

Ya sabéis, pues, cual es el manantial de donde mana el primer y principal encanto de la vida.

Importancia de la Estulticia en los banquetes

18.   Pero hay algunos, sobre todo entre los ancianos, que prefieren la bebida a las mujeres, y que cifran en el trago su placer fundamental. Discutan otros, en buena hora, si es o no posible un glorioso banquete sin que las mujeres estén presentes; pero lo que sin duda puede afirmarse es que ninguno será deleitoso sin la salsa de la estulticia; hasta tal punto que si no hay allí algún invitado que, con su gracia

tonta, natural o fingida, haga reír a los demás, tendrán que llamar a un advenedizo tontorrón o a un ridículo parásito que, con sus burlas o desvergüenzas, es decir, con estupideces, ahuyente de la fiesta el silencio y la tristeza. Porque, bien pensado, ¿qué placer habría en llenar el estómago de dulces, manjares y postres si los ojos, los oídos y el alma entera no se apacientan también con risas, juegos y donaires? Y de este tipo de postre soy yo la única repostera. Es indudable que las ceremonias de los banquetes, el sorteo para nombrar al rey de la fiesta, los juegos de los dados, los brindis de unos y otros, las rondas de vino, cantar coronados de mirto, danzar, hacer mimo y demás no fue invento de los Siete Sabios de Grecia, sino mío, para la salvación del género humano. La naturaleza de las cosas es tal que, cuanto más tonto es uno más se beneficia de la mejor vida, que, a la verdad, si es triste, no entiendo cómo se llama vida. Conviene que el triste se evada de la tristeza; no nos vaya a privar de todos los placeres esta hermana gemela del tedio.

La amistad

19.   No faltan quienes desprecian este tipo de placeres y buscan, en cambio, el amor y el trato de los amigos, asegurando que la amistad debe anteponerse a todo, pues es algo tan necesario como ni siquiera lo son el aire, el agua y el fuego; tan agradable que dejarla de lado sería tanto como prescindir del sol; tan noble, —si serio sirve para algo—, que los filósofos mismos la colocan entre los bienes fundamentales. Pues, bien, ¿qué diríais si os demostrase que también soy yo fuente y destino de este don? Vais a ver cómo os lo demuestro, y no precisamente sirviéndome de *crocodílites* o *sorites,* o *ceranites* o cualquier otra de esas argucias silogísticas, sino a la pata la llana —como dicen— , y señalando lo que se dice con el dedo[39].

Vamos a ver: hacer la vista gorda, escaquearse, no ver nada voluntariamente, deslumbrarse con los vicios de los amigos e incluso,

---

[39]   Se trata de las series clásicas de silogismos, según las modalidades, que forman parte de la Retórica —también; después, de la Escolástica, que es la que los sistematiza—, y de las que encontramos testimonios en casi todos los tratadistas latinos de la Retórica, como el calagurritano Marco Fabio Quintiliano o su tocayo Cicerón. Erasmo las trata con evidente desdén, pues es conocido su odio a la sistemática lógica escolástica.

en algunos casos, apreciar y admirar como virtudes sus mayores defectos, ¿no es lo más parecido a la estulticia? ¿Cómo vamos a pensar que no es estulto el que cubre de besitos el lunar de la amiga o aquel otro que se queda embelesado mirando la verruguita de la nariz de su cordera[40], o aquel padre que ve levemente desviado a su hijo, que es estrábico perdido? ¿Qué es, pregunto, todo eso sino una evidente estulticia? Díganlo tres y cuatro veces: es estulticia; pero, cuidado, porque esta estulticia «reúne y mantiene unidos a los amigos». Hablo de la generalidad de los mortales, de los que ninguno nace sin tacha, razón por la cual se considera mejor el que menos tachas tiene. Lo que es entre los sabios esos, tan endiosados, ya se sabe que o no tienen amigos o la amistad que ofrecen es penosa y distante, y eso con poquísimas personas; aunque sería mejor decir que no mantienen lazos con ninguna, porque ya es sabido que la amistad se da sólo entre iguales y está claro que la mayor parte de los hombres anda a su aire y hasta iba a decir que no hay nadie que no haga sus extravagancias.

Así que, si entre semejantes modelos de austeridad naciera un afecto mutuo, ciertamente no sería nunca estable y menos aún duradero, y no podría serlo tratándose de gente siempre recelosa y vigilante, que controla con extrema atención los vicios de los amigos, casi como el águila o como la serpiente de Epidauro[41]. Aunque sean los mismos que ¡tienen legañas para sus propios vicios y que no ven la mochila que cuelga de su espalda! Y, puesto que así es la naturaleza de los hombres, no es posible encontrar a nadie tan extraordinario que no tenga una retahíla de vicios. Suma la enorme disparidad de caracteres y de educación, los muchos errores, equivocaciones y desastres propios de la vida, y comprenderás que no es posible entre aquellos Argos la amistad por espacio de más de una hora, si no la mantuviera lo que

---

[40]   La traducción, en este punto, es ambigua. *Alium delectat polypus Agnae* debiera llevarme a traducir como «embelesa a alguno la verruga de Inés», pero no carece de gracia el juego que permite traducirlo como «la verruguita de su cordera». Por su intención jocosa prefiero esta última versión.

[41]   Referencia a Horacio, en sus *Sátiras,* como lo es la expresión «reúne y mantienen unido a los amigos» *(et jungit junctos et servat amicos),* antes entrecomillada. La serpiente del santuario de Epidauro es la misma de Esculapio, dios de la salud; Argos gozaba del prestigio visual que le daba el tener ojos también en la nuca, y en cuanto a Cupido o Eras, diosecillo del amor, ya se sabe que era ciego y no veía los defectos de aquellos a quienes lanzaba sus flechas. Amor como vínculo que sostiene el mundo, idea básica de Erasmo y de los humanistas cristianos, en línea con Platón.

los griegos llaman admirablemente la falta de sindéresis, es decir, la estulticia o la comprensión de los fallos ajenos.

¿Qué pasa? No es casualidad que sea Cupido, padre y generador de toda simpatía, quien, totalmente ciego, toma lo feo por bonito, hace que encontremos hermoso lo que amamos, que el decrépito adore a la decrépita, que el niño se enamore de la niña. Esto sucede todos los días e incluso lo consideramos ridículo, pero, sin duda, estas cosas ridículas son las que hacen que la vida y la sociedad se unan en serena concordia.

El matrimonio

20. Lo que acabo de decir de la amistad puede decirse, con mucha mayor razón, del matrimonio, puesto que no es más que la unión de dos personas de por vida. ¡Por Dios inmortal! ¿Cuántos divorcios y aún cosas peores que divorcios acaecerían si mis siervos la adulación y las carantoñas, la paciencia, el disimulo y la astucia no acudiesen de manera habitual a robustecer y a mantener el vínculo conyugal? ¡Caray!, ¿y cuántos matrimonios se celebrarían si el novio, simplemente por prudencia, averiguara a qué juegos ha jugado, antes de casarse, aquella delicada muchacha, tan recatada doncellita?

Y ¿no serían escasos los que seguirían unidos si salieran a la luz las muchas hazañas de las mujeres, posibles por el descuido y la candidez de los varones? Nadie tiene dudas de que todo ello es producto de la estulticia, como lo es también, indudablemente, que la mujer sea agradable al marido y el marido lo sea para la mujer, que reine la paz en la casa y que se conserve la cohesión. La gente se ríe y llama cornudo o cuclillo —lo de menos es el nombre— al que sorbe amorosamente las lágrimas de la adúltera. Pero, en el fondo, ¿no es mucho mejor vivir felizmente engañado que dejarse consumir por los celos y convertirlo todo en argumento de tragedia?

La Estulticia y las relaciones sociales

21. En resumen, tengo que añadir que no hay sociedad ni relación de vida posibles sin mí, como no es viable sin mí una situación feliz y estable; ni el pueblo aguantaría al príncipe, ni el criado al señor,

ni la doncella a su señora, ni el alumno al maestro, ni el amigo a su amigo, ni el marido a la mujer, ni el inquilino al casero, ni el vecino a su vecino, ni el que invita al invitado si unos y otros no fingieran, no se adularan, si, prudentemente, no hicieran la vista gorda, si no lo engrasasen todo con la miel de la estulticia.

Ya sé que os puede parecer excesivo, visto así, pero vais a ver algo más sorprendente todavía.

Alabanza del amor propio

22.   Pregunto: el que se odia a sí mismo, ¿puede amar a alguien? ¿Puede estar de acuerdo con alguien quien no lo está consigo mismo? ¿Puede ganarse el afecto de alguien quien para sí mismo es tedioso y molesto? No creo que nadie pueda decir que sí a esto, como no se trate de alguien más tonto que la Estulticia misma. Y digo más: si me excluís, no sólo nadie podría soportar al otro, sino que cualquiera, por el asco que sentiría de sí mismo, se vería como un apestado y acabaría odiándose. Fijaos en la naturaleza, que, a veces, más que madre se nos antoja una madrastrona, cómo se ha complacido en atormentar a los hombres, especialmente a los poco despiertos, dotándolos de un deseo innato de despreciar lo suyo para admirar lo ajeno. Esa es la causa de que todas las buenas y felices disposiciones, todas las cosas agradables y todas las alegrías de la vida se vicien y se echen a perder. ¿Para qué sirve la buena planta, don especial de los dioses inmortales, si se contamina con el exceso de afectación? ¿Para qué la juventud, si lleva el germen de la corrupción en la senil tristeza? Y si no existiera esa Filautía o amor propio, que es mi legítima hermana, —que encuentro no sólo en el arte sino en cualquier acción como motivo principal, sea lo que fuere— ¿qué cosa noble podrás realizar nunca para ti mismo o para los demás? Añado que está presente en mis actos siempre y en todas partes. ¿Hay cosa más tonta que darte gusto y admirarte a ti mismo?

Y, sin embargo, ¿qué cosa más gentil, más graciosa, más digna de hacer si no estás contento contigo mismo?

Quitad esa sal de la vida y el orador languidecerá enseguida en su intervención; el músico no conseguirá emocionar a nadie con sus interpretaciones; el cómico, aunque domine la escena, será repateado;

será el poeta, al tiempo que sus Musas, objeto de rechifla; desdeñados el pintor y su arte; el médico, con todas sus medicinas, morirá de inanición. Finalmente, veréis a Tersites en vez de a Nireo, a Néstor por Faón, al cerdo en vez de a Minerva, al balbuciente por el locuaz, al grosero por el educado[42]. Tan necesario es que cada cual se piropée a sí mismo y se busque su propia estimación, antes de buscar el aprecio de los otros.

Por otra parte, puesto que la primera condición para la felicidad es que uno esté contento de ser lo que es, no cabe duda de que en este empeño Filautía facilita mucho las cosas y acorta el camino, pues consigue que nadie se queje de la propia hermosura, ni del ingenio que le ha tocado, ni de la familia que tuvo, ni de su estado, ni de su comportamiento, ni de su patria, hasta el punto de que el Irlandés no se cambiaría por el Italiano, ni el Tracio por el Ateniense, ni el Escita por el nacido en las Islas Afortunadas. ¡Prodigio de la naturaleza que, en medio de tanta variedad, introduce elementos de nivelación! Cuando niega alguno de sus favores, al desfavorecido le concede Filautía una pizca más de los suyos, aunque estoy pensando ahora que he dicho una tontería, pues la propia Filautía es el don por excelencia.

Por no decir, mientras tanto, que ninguna gran empresa es posible sin mi impulso, ningún tipo de artes si no soy yo precisamente el artífice.

La Estulticia,
causa de la guerra y de las hazañas

23.   ¿No es la guerra la semilla y la fuente de todos los hechos memorables? ¿Y qué hay más estulto que meterse en una de esas contiendas, por causas que nunca acabo de saber, que acarrean a una y otra parte más daños que utilidades? Y además, de los que caen, como antes se decía de los Megarienses, ni una palabra, es decir, ninguna ra-

---

[42]   Homero dice de Tersites que era el griego más feo de todos los griegos; Néstor vivió más de dos siglos, según la leyenda; Nireo está considerado el más elegante de los griegos, después de Aquiles y, también según el mito, Faón era el viejo barquero a quien Afrodita rejuveneció por no haberle cobrado la travesía.

zón[43]. Ahora bien, si los dos ejércitos están ya situados frente a frente y «los cuernos de guerra resuenan con su ronco canto»[44], ¿cuál de esos sabios consumidos por el estudio, cuya sangre, débil y fría, apenas puede sostenerse, sostendrá el espíritu?

Se necesita, en esa situación, gente fuerte y bien alimentada, es decir, que si son muy audaces sean límites en inteligencia. A no ser que se prefieran soldados como Demóstenes, que, siguiendo el ejemplo de Arquíloco, apenas vio a los enemigos, abandonó el escudo y salió corriendo, tan cobarde soldado como sabio orador. «Pero el consejo —dirán— es lo más importante en las guerras». Desde luego, lo reconozco, pero es cosa del general y se refiere a consejos de porte militar, no filosófico. Por lo demás, sabido es que esas hazañas tan brillantes no las realizan los lumbreras de los filósofos sino truhanes, rufianes, ladrones, sicarios, villanos, imbéciles, y desaprensivos, gente así, hez entre los mortales.

Los sabios, inútiles para todo

24.   De cuán inútiles sean estos filósofos para cualquier actividad, pongamos como ejemplo a Sócrates mismo, que, con relativo acierto, fue ponderado por el oráculo de Apolo como el único sabio[45], y que, en cierta ocasión en que tenía que defender en público un asunto, tuvo que retirarse enseguida en medio de la rechifla general de los presentes. Cierto que este varón no había perdido del todo el juicio, pues nunca reconoció como propio el nombre de sabio, que sólo a Dios atribuyó, y porque, además, consideraba que era de gente con sentido común no intervenir en los asuntos públicos, aunque, segura-

---

[43]   La batalla de Megara se dio en la guerra del Peloponeso entre ciudades griegas, en el último cuarto del siglo v antes de Cristo. El tema de la inutilidad —y la bestialidad— de la guerra es uno de los preferidos de los humanistas. Ya lo he señalado en la versión de *Utopía* de Moro. Erasmo se anticipa a su amigo inglés, y, en cierto modo, podemos pensar que influye sobre él, como lo hace su maestro Colet, señalando las deserciones de los grandes hombres de la antigüedad, como es el caso de Demóstenes, huyendo en la batalla de Queronea (siglo iv a. C.) o de Arquíloco, que confiesa haber arrojado las armas.

No hacen los humanistas más que seguir las huellas del cristianismo, influidos por la filosofía neoplatónica.

[44]   Virgilio: *Eneida*, Libro VIII-2.

[45]   El oráculo de Delfos. La alusión a las «nubes» es de Aristófanes, en la comedia de ese título, *Las nubes*, en la que satiriza a Sócrates.

mente, hubiera ganado más recomendando al que aspire a vivir entre los hombres que modere sus ansias de saber. Pues, ¿qué fue sino esa sabiduría la que lo llevó a ser acusado y, después, condenado a beber la cicuta? Mientras filosofaba acerca de las nubes y de las ideas y medía los pasitos de las pulgas, mientras se extasiaba ante el zumbido de un mosquito, descuidaba totalmente lo necesario para la vida cotidiana. Su discípulo Platón, insigne orador, que acudió rápidamente a defender a su maestro cuando vio en peligro su cabeza, no pudo pasar de la mitad de su discurso por los gritos y denuestos de la muchedumbre. ¿Y qué digo de Teofrasto? Un día, cuando se adelantaba para hablar en una reunión, de repente se quedó mudo, talmente como si hubiera visto al lobo. ¡Y no digo si se trata de animar a los soldados para la guerra! Isócrates, por culpa de su timidez, ni siquiera se atrevió a abrir la boca. Marco Tulio, padre de la elocuencia romana, cuando tenía que comenzar sus intervenciones públicas temblaba de manera vergonzante y tartamudeaba como un niño balbuciente, por más que Fabio lo interprete como señal de gran sensatez del orador y de que era consciente del riesgo que corría[46].

Si eso es cierto, ¿no será también una manera de reconocer paladinamente que la sabiduría es un obstáculo para hacer bien lo que hay que hacer? ¿Qué harían, si tuvieran que empuñar las armas, los que así se comportan, si se morían de miedo cuando tenían que combatir nada más que con palabras? Y, encima, se elogia —¡vaya por Dios!— aquella famosa frase de Platón que asegura que «los estados serían felices si, una de dos: o gobernaran los filósofos o se dedicaran a la filosofía los gobernantes». Si os fijáis en la historia os daréis cuenta de que nunca ha habido gobernantes más nefastos para las naciones que cuando el mando recayó en alguno de los filosofastros o en algún adicto a las letras. Para muestra de lo cual basta el ejemplo los Catones, uno de ellos acabando con la paz de la república con sus insensatas denuncias, el otro, pretendiendo defender la libertad del pueblo Romano con tanta sabiduría que acabó con ella. Añádeles los Brutos, Casios, Gracos y al mismísimo Cicerón, que no fue menos apestoso para la república de los Romanos que Demóstenes para la de los Atenienses.

---

[46] En *De oratore,* de Cicerón. Fabio es Quintiliano, en *De Institutione Oratoria.*

Fíjaos en Marco Antonio[47], del que no voy a decir que no fue buen emperador —aunque puede ser bastante discutible—, pero que, en cambio, tuvo fama de antipático y hasta de odioso entre los ciudadanos, precisamente por eso, porque era tan gran filósofo.

Pero, aun aceptando que fuese bueno, de lo que no hay duda es de que el gobierno de su hijo resultó tan desastroso para Roma al menos cuanto saludable fue el de su padre. Suele suceder en este tipo de hombres que se dedican al estudio de la sabiduría que, siendo infelices en casi todo, lo son de manera especial en el hecho de su descendencia, y eso se debe, supongo, a que la naturaleza trata de que la peste de la sabiduría no se propague más allá entre los mortales. Nos consta, por ejemplo, que el hijo de Cicerón era un degenerado; los del sabio Sócrates salieron más a la madre que al padre, o, dicho de otra manera, tal como, no sin razón, escribió alguien, imbéciles.

25. Pudiera, sin embargo, soportarse que gobernaran, aun suponiendo que al hacerlo nos produzcan el efecto de «asnos pulsando la lira», si en los restantes asuntos resultaran ser unos expertos. Lleva un sabio a un banquete: o se encierra en un silencio mustio o se pone tonto asaeteando a todos con ridículas cuestioncillas. Si lo llevas a un baile, verás a un camello saltando. Llévalo contigo a los juegos públicos y, sólo con verle la cara será suficiente para que nadie lo pase bien, hasta el punto de que alguien decida decirle al Catón que se vaya del recinto, ya que no es capaz de desarrugar el ceño. En la conversación caerá como el lobo de la fábula. Si hay que comprar algo, si hay que estipular algo, en resumen, si hay que hacer algo de eso que se hace habitualmente en la vida diaria, llegarás a la conclusión de que el sabio de marras es más un tronco que un hombre. Digo más, es tan inútil para sí mismo, para su patria, y hasta para los suyos hacer uso de él, que eso sólo se explica porque ignora las cosas más elementales y está muy alejado de la opinión pública y de sus hábitos. Lo lógico es que todos le tengan tirria, sobre todo por la enorme distancia que los separa de él en modos de vida e ideas. Así pues, ¿qué hay que se haga entre los mortales que no esté rebosando estulticia, hecho por estultos para otros estultos? Razón por la cual, si alguien quiere ir contra corriente,

---

[47] Se trata, evidentemente, de Marco Aurelio, no de Marco Antonio, como dice por error.

yo le aconsejaría que, tomando ejemplo de Timón, se retire a una cierta soledad y allí disfrute a solas de su sabiduría[48].

Importancia política de la Estulticia

26.   Sin embargo, para volver a lo que antes había dejado dicho, ¿qué fue lo que llevó a los hombres de piedra, rudos y salvajes, a convertirse en urbanitas, si no es la adulación? No significan otra cosa las simbólicas cítaras de Anfión y de Orfeo. ¿Qué condujo a la concordia al populacho Romano cuando ya estaba a punto de sucumbir? ¿Por ventura un alegato filosófico? En absoluto. Todo lo contrario: un pueril y ridículo apólogo, prendido del vientre y de las demás partes del cuerpo. Lo mismo digo del apólogo de Temístocles, el de la zorra y el erizo, tan parecido al otro. ¿Alguna parrafada de sabio sería capaz de producir un efecto parecido al que produjo el cuento de la cierva de Sertorio o el de los dos perros de Licurgo, o aquella otra de morirse de risa sobre la manera de arrancar los pelos de la cola de un caballo? No voy a decir nada de Minos y de Numa, cuyas fabulosas patrañas gobernaron a una estúpida multitud. Tales son las necedades que emocionan a esa bestia poderosa y temible que llamamos pueblo.

27.   Pero, además, ¿qué ciudad ha aceptado nunca aplicar como leyes las normas de Platón, de Aristóteles o de Sócrates? ¿Qué fue lo que movió a los Decios a entregar su vida a los dioses manes? ¿Qué arrastró hasta el abismo a Quinto Curcio, sino la vana gloria, dulcísima Sirena, la más denostada, además, por estos sabios?

¿Qué hay más estúpido, dicen, que un candidato lisongeando al pueblo para conseguir sus votos, comprar con favores su voluntad, andar a la caza de los aplausos de los tontos, esponjarse con las aclamaciones, ser paseado en triunfo como una bandera, colocarse en el foro como una estatua para la contemplación de las gentes? Añade a esto la moda de adoptar nombres y sobrenombres; añade los honores divinos, que exhiben estos mentecatos; suma que en las ceremonias oficiales eleven al rango de dioses a quienes no son más que infames

---

[48]   «Asnos tocando la lira», en griego en el original: una fábula de Esopo. Catón fue el gran censor, enemigo de Escipión (234-149 a. C.). Timón, el ateniense huyó a un lugar solitario y no quiso ver más que a Alcibíades.

tiranos. Son cosas tontísimas; incluso Demócrito —sólo él— no sería capaz de ridiculizarlas lo suficiente.

¿Quién lo niega? Pero, aunque así sea, esa es la fuente de donde manaron las hazañas de los héroes más preclaros, esas hazañas que los escritores han ensalzado hasta lo más alto en sus obras. Esta estulticia es la que engendra las naciones, mantiene los imperios, las magistraturas, la religión, los consejos y la justicia; porque la vida humana no es, en definitiva, más que un juego de locos.

Las artes

28.   Puestos a hablar de artes, ¿qué es sino el ansia de gloria lo que mueve a los mortales ingenios a cultivar semejantes disciplinas, consideradas como supremas, y a transmitir a la posteridad el fruto de sus trabajos? Tantas vigilias, tantos sudores como se han impuesto algunos hombres para conquistar un poco de gloria —que es lo más vacío que uno puede adquirir— no hacen sino demostrar que estamos ante unos insensatos. Y, por el contrario, a esa necesidad debéis una de las más valiosas y más dulces ventajas de la vida, que es la posibilidad de aprovecharse de la locura de los demás.

La prudencia es fruto de la Estulticia

29.   Tras haber reclamado para mí las cualidades de valor e ingenio, ¿qué diríais si reclamara también la virtud de la prudencia? Alguno estará pensando que eso es tan irrealizable como mezclar el agua con el fuego. Sin embargo, espero salir con éxito de mi empeño, si, como habéis hecho hasta ahora, me favorecéis con vuestras orejas y con vuestra atención.

Y comienzo diciendo que si la prudencia es fruto del buen hacer, habría que preguntarse: ¿a quién hay que atribuir el mérito de ese buen hacer, al sabio que, en parte por vergüenza y en parte por falta de valor, es incapaz de hacer nada que valga la pena, o al estulto, al que ni la vergüenza, —de la que carece—, ni el miedo al peligro, —en el que nunca repara— le hacen retroceder ante nada? El sabio se refugia en sus viejos libros, de los que no extrae más que un mero juego de palabras. El estulto, echándole valor a las cosas más difíciles, consigue, si no me equivoco, la verdadera prudencia.

Parece que Homero, incluso tratándose de un ciego, lo vio de esta manera, como se deduce de lo que dijo: «El necio aprende gracias a los hechos»[49].

Hay, sobre todo, dos obstáculos principales, que se oponen al conocimiento: el pudor, que cubre con humo la inteligencia, y el miedo que, al hacernos conocer el peligro, nos disuade de acometer empresas de fuste. De todo ello nos libera generosamente la estulticia. Pocos son los mortales que entienden a qué otras muchas facilidades conduce el no sentir ni vergüenza ni temor de nada.

Y si se entendiese que es preferible conseguir aquella prudencia que se funda en el examen y la reflexión, escuchadme, os lo ruego, escuchad cuán lejos se encuentran de ella los que, de tal guisa, pretenden ganar fama de prudentes.

Es indudable que en todo lo que es humano, lo mismo que en los Silenos de Alcibíades, hay dos visiones muy distintas entre sí, de tal suerte que por fuera son la imagen de la muerte y por dentro, la imagen de la vida. Si procedes a mirar dentro de una de esas estatuas te darás cuenta, enseguida, de que lo que creías muerte es vida y de que lo que parecía vida es muerte, lo que se antojaba hermoso es deforme, aquello a simple vista riquísimo resulta que es paupérrimo, lo infame se ha tornado glorioso, lo docto ha degenerado en indocumentado, lo que suponías robusto es feble, lo que generoso, innoble, lo alegre, triste, lo boyante, todo lo contrario, lo amigo, enemigo, lo saludable, deletéreo; en resumen, te darás cuenta de que todo cambia de repente, si abres un sileno.

Ah, y si esto se te antoja filosófico en exceso, lo voy a expresar más vulgarmente, como suele decirse, a la pata la llana. Si hablamos de un rey, ¿quién no va a creerse que es opulento y poderoso? Y, sin embargo, si no tiene un carácter dirigido al bien ni encuentra nada con que saciar su ambición, podemos decir que es paupérrimo. E incluso podríamos considerarlo un vil esclavo si, para colmo, está dominado por los vicios. Lo mismo se puede pensar de otros muchos casos; con todo, es suficiente para mi objetivo el ejemplo que acabo de poner. «¿A qué viene todo esto?», preguntará alguien. Pues, escuchadme,

---

[49] HOMERO, *Ilíada*, XVII, 32.

para que veáis a dónde quiero ir. Si a un cómico que está representando su papel se le ocurriera arrancarse su máscara escénica y enseñar su rostro verdadero a los espectadores, ¿no echaría a perder la comedia y se haría merecedor de que el público lo arrojase a cantazos del teatro, lo mismo que si estuviera loco de atar? Naturalmente, pues, de improviso, habría provocado el cambio de las cosas, y nos daríamos cuenta de que quien creíamos que era mujer resulta que es hombre, que el que era joven en la apariencia se nos aparece ahora como anciano, que el que minutos antes era rey se nos ha transformado en esclavo[50], que quien, hacía un rato, era dios, se había transformado en un Don Nadie despreciable. Pretender romper las apariencias equivale a perturbar toda la acción dramática, ya que, precisamente la ficción y el engaño son los llamados a mantener la tensión en los espectadores.

Ahora bien: la vida de los mortales, ¿qué es sino una comedia como otra cualquiera, en la que unos y otros salen disfrazados con sus máscaras a representar sus papeles respectivos, hasta que el director les ordena que se retiren del escenario? En el mundo, como en el teatro, sucede con frecuencia que un mismo actor se disfraza con distintos trajes, de tal manera que a quien acabamos de ver vestido con la púrpura de rey, lo vemos ahora cubierto con los andrajos del esclavo miserable. Todo ello ficticio, es verdad, pero, por lo menos, tenemos que convenir en que la comedia no se representa de modo distinto a lo que acabo de decir.

Pues bien, si un sabio que hubiera bajado del cielo comenzara a gritar que éste, a quien todos creen dios y señor, no es ni siquiera hombre, puesto que, al dejarse arrastrar por las pasiones, no merece más que ser tenido por miserable esclavo, pues se complace en servir a tantos y tan infames amos. Y este otro, que llora la muerte de su padre, debería alegrarse porque justamente ahora es cuando comienza a vivir, pues esta vida no es sino la misma muerte. Y aquel que se envanece de su noble estirpe, debería ser calificado de plebeyo y bastardo, lejos de la virtud como se encuentra, única fuente de nobleza; y, si hablase de todos los demás de esta manera, ¿no lo consideraríamos un loco y furioso, es decir, de remate? De la misma manera que no hay nada más tonto que la sabiduría cuando es inoportuna, nada hay

---

[50]   El texto latino dice Dama, con mayúscula, que es nombre de esclavo en Horacio. Yo traduzco directamente como «esclavo».

tampoco más perverso que la prudencia imprudente. Se equivoca de plano el que no sabe acomodarse a su tiempo ni quiere ajustarse a las circunstancias, o, por lo menos, no es capaz de recordar aquella ley de oro de los banquetes: «O bebes o te largas»; por supuesto, se equivoca quien pretende que la representación ya no es representación.

Al contrario, el prudente de verdad es el que, teniendo en cuenta su condición de mortal, no pretende nada que esté por encima de los demás hombres, convive con todos de manera solidaria y hasta los acompaña en sus errores. «Pero eso, preguntarán, es estulticia». No seré yo quien lo niegue, si, a cambio, se reconoce que en eso consiste, precisamente, la comedia de la vida.

La Estulticia lleva a la más alta sabiduría. Pésima condición de los que el vulgo tiene por sabios

30.   ¡Dioses inmortales! ¿Digo o callo el resto? ¿Por qué callarlo, si es la verdad de la verdad? A lo mejor es más adecuado invocar, en asunto tan serio, a las musas del Helicón[51], a las que suelen acudir los poetas con cualquier pretexto imbécil.

Venid, pues en mi ayuda, siquiera sea un momento, hijas de Júpiter, mientras trato de demostrar que a nadie le es dado alcanzar la egregia sabiduría ni la fuente —así lo llaman— de la felicidad, si no lleva por guía a la Estulticia.

Digo, en primer lugar, que no se puede discutir que todas las pasiones humanas pertenecen a la estulticia. De hecho, lo que distingue al necio del sabio es que aquel se deja gobernar por ellas y, en cambio, éste se rige por la razón. Por eso los estoicos recomiendan al sabio que se aleje de semejantes perturbaciones como quien huye de la peste, y eso a pesar de que las pasiones no sólo son los pedagogos encargados de guiar al puerto de la sabiduría, sino que, además, suelen comportarse, en todo acto de virtud, como espuela y estímulo, una especie de instigadores del bien. Cierto es que Séneca, más estoico que nadie, sostiene en términos contundentes que el sabio debe desterrar toda pasión. Pero si alguien lo hiciera como dice, no que-

---

[51]   VIRGILIO, en la *Eneida* (VII-675): «Oh, musas, descubrid ante mis ojos los secretos del Helicón», monte de Beocia consagrado a Apolo y a las Musas. Hoy es el monte Sagara.

daría de él ni siquiera el hombre, acabaría transformándose en una suerte de nuevo Dios, que ni ha existido ni tendrá nunca existencia; incluso, para decirlo más claro todavía, se convertiría en una especie de estatua de mármol que se parecería al hombre, pero estúpida y ajena a todo sentimiento humano. Así pues, si les apetece, que los estoicos disfruten de su sabio, sin oposición por parte de nadie, pero que se vayan con él a la ciudad de Platón, o a la región de las ideas o, incluso, a los dominios de Tántalo.

¿Quién no escaparía, horrorizado, de este hombre con aspecto de monstruo insensible a todo sentimiento natural, ajeno a cualquier afecto, amor o misericordia, «cual si fuera un pedernal o un bloque de mármol de la isla de Paros», de un hombre, digo, que lo sabe todo, que no se equivoca nunca, porque, igual que Linceo, todo lo pondera, todo lo mide con minuciosidad, nada se le oculta, sólo está satisfecho de sí mismo, sólo él es rico y sano, soberano único, sólo él es libre y, en una palabra, es único en todo, aunque sólo lo sea para él, claro; de un hombre, en fin, que no se pararía en barras y ahorcaría a los mismos dioses y que todo cuanto ve que hacen otros con su vida, o lo considera pernicioso y se ríe de ello? Un animal semejante es el modelo absoluto de sabio.

Pregunto, si hubiera que elegirlo, ¿qué país eligiría semejante elemento o qué ejército lo escogería para ser su general? ¿Y qué mujer querría un marido semejante, qué anfitrión tal convidado; con costumbres así, qué siervo lo aceptaría o mejor, lo soportaría como señor? Por eso mismo, digo, ¿cómo no se ha de preferir a cualquiera de la plebe que, siendo seguramente estulto, lo mismo podrá mandar que obedecer a los estultos y que, sin duda, será más agradable con los demás hombres, cariñoso con su mujer, alegre con los amigos, estupendo anfitrión, afable con quien lo invita y, por último, que sabemos que «nada de lo humano le resulta ajeno»[52]?

Ya me da un poco de pena este sabio. Así que voy a centrarme en el resto, que es materia más alegre.

---

[52]   Termina Erasmo el párrafo con una conocida cita de san Agustín quien, precisamente, «presumía» de que *nihil humani a me alienum puto.*

La Estulticia, remedio de calamidades, también otorga favores a viejos y viejas

31.   Imaginad ahora que alguien escudriña la vida humana desde una elevada plataforma en una roca, como hace Júpiter habitualmente, según dicen los poetas; vería qué numerosas son las calamidades que afligen la vida de los hombres, lo miserable y sórdido que es el nacimiento, qué laboriosa es la crianza, los peligros que acechan a la infancia, los sudores que cuesta la juventud, qué molesta es la ancianidad, qué dura la muerte inexorable...

Vería, asimismo, la cantidad de enfermedades que acechan la vida, los innumerables accidentes que la amenazan, las muchas desgracias que se dan y cómo apenas hay nadie que no rebose hiel, y eso por no entrar ahora en aquellas cosas desagradables que el hombre ocasiona al hombre, cuales son, por ejemplo, la pobreza, la cárcel, la deshonra, la vergüenza, la tortura, las insidias, los pleitos, los fraudes. ¡Ni que quisiera contar las arenas del mar! Sin embargo, no es mi intención encontrar las razones por las que los hombres se han hecho acreedores a tantas desgracias, ni averiguar, siquiera qué dios irritado hizo nacer tantas desventuras. Pero, quien piense un poco en ello, ¿no estará de acuerdo con las doncellas de Mileto, por más que sienta compasión de ellas?[53]. De hecho, ¿quiénes han sido de verdad los que han apelado al suicidio, buscando en él un remedio al destino y contra el hastío de la vida? ¿No fueron, acaso, los afines a la sabiduría? Y, entre ellos, no me detengo en los Diógenes, los Xenócrates, los Catones, los Casios y los Brutos, pues me es suficiente con recordar al Quirón aquel que, pudiendo sentarse entre los inmortales, prefirió la muerte voluntariamente[54]. Veréis, supongo, lo que sería el futuro si todos los hombres fueran como estos sabios; haría falta más barro y un nuevo Prometeo para moldearlo. Yo, aquí estoy, muchas veces con evidente falta de reflexión, otras, que olvido la maldad de las cosas, frecuentemente, que quiero arreglarlas, e incluso destilando, a veces, las mieles del

---

[53]   Una tradición antigua aseguraba que en el puerto de Mileto había un lugar especial donde se suicidaban las jóvenes desesperadas.

[54]   Hijo de Saturno, el centauro Quirón, medio hombre y medio caballo, fue herido involuntariamente con una flecha envenenada por Hércules. Incapaz de aguantar los sufrimientos, prefirió morir y renunció a la inmortalidad. Prometeo, el ladrón del fuego, es el mismo que hizo al hombre de barro. De ahí su necesidad.

placer; el caso es que voy remediando de tal manera las innumerables calamidades humanas que ningún mortal quiere dejar la vida, cuando se ha agotado ya el hilo de las Parcas y lleva tiempo diciendo adiós al mundo; y lo curioso es que esas razones, que debieran serlo de que los hombres no desearan conservar la vida, son, por el contrario, las que les renuevan las ganas de vivir. ¡Tanto aborrecen los efectos del tedio de la vida!

Sí, es cierto; sin duda soy yo la que concede el don de que abunden por todas partes esos viejos de ancianidad a lo Néstor, que apenas si les queda la figura de hombres, que babean, que chochean, desdentados, canosos o calvos del todo, y, sirviéndome de las palabras de Aristófanes, «secos, encorvados, sin fuerzas, arrugados, pelados, de encías deshabitadas y desbellotados»[55], pero que, pese a todo, disfrutan tanto con la vida y tanto les gusta presumir de jóvenes, que el uno se tiñe las canas, el otro esconde la calva con un peluquín, el de más allá usa unos dientes que vete a ver si no los tomó prestados de una cerda, éste se pirra de amores por una chavalita, e incluso se cree capaz de mayores empresas amatorias que el galán adolescente. Y no es raro que, decrépitos y ya con un pie en la hoya, tomen por mujer a una jovenzuela sin dote, cosa que se elogia, sabiendo, por otra parte, que la van a disfrutar otros.

Pero es mucho más estremecedor todavía ver a esas ancianas, muertas en vida de puro viejas, auténticos cadáveres ambulantes, que parece que hubieran regresado del infierno, condición miserable que no les impide ir diciendo por ahí «qué hermosa es la luz», rijosas permanentes y, como dicen los Griegos, «en celo», que se llevan a buen precio a algún que otro Faón[56]; se ponen perdido el rostro con maquillajes, van con el espejo a todas partes, se depilan hasta lo más bajo del pubis, presumen todavía de sus flácidos y ajados pechos, solicitan un lánguido deleite con trémulo gemido, beben continuamente, se mezclan con las jovencitas en sus fiestas, escriben billetes amorosos. Todos se ríen de ellas, como de tontísimas, que eso es lo que son.

---

[55] Bellota desnuda, dice el término griego *(psolous)* de Aristófanes.

[56] Faón era barquero en Mitilene, Lesbos. Un día transportó en su barca a una anciana, disfraz que utilizaba para viajar nada menos que Venus. Faón, compadecido, no quiso cobrar el viaje a la anciana y Venus, como premio, lo convirtió en el más hermoso de los hombres. Es tradición que Safo, la poetisa de Lesbos, perdidamente enamorada de Faón y por él no satisfecha, se arrojó al mar desde la roca de Leucade.

Ellas, en cambio, están muy satisfechas de sí mismas, se encuentran muy a gusto, y felices con mis favores, disfrutan de la miel de la vida a tope[57].

Y a los que encuentren todo esto ridículo, los invito a que consulten a su propia conciencia si no es mejor dejarse llevar por esas locuras que así endulzan la existencia que buscar, como dice la gente, una viga donde ahorcarse. Porque hay que decir que lo que la gente considera deshonra y vergüenza, mis fieles no lo consideran así, porque, o no sufren esa enfermedad o, si algo tienen de ella, fácilmente lo olvidan. La verdadera desgracia sería que les cayera una piedra en todo el coco. El resto, el pudor, la infamia, la injusticia y la calumnia, esas cosas sólo hacen daño si se les hace caso. Si no se sienten, ni siquiera son males. ¿Qué pasa aunque te silbe todo el pueblo, si tú te aplaudes? Pues bien: para que eso sea así sólo es necesaria la estulticia.

Elogio de la ignorancia. La edad de oro

32.   Para mí estoy viendo a los filósofos que protestan: «Eso que tú estás ponderando —dicen— es lo más deplorable; eso es estulticia, eso es error, engañarse, ser ignorante». Pero, sobre todo, ¡eso es ser hombre! Y no entiendo por qué decís que es deplorable cuando así habéis nacido, así habéis crecido, así os han educado y esa es, ni más ni menos, la condición de todos. No se puede decir que sea miserable aquello que nace de la misma naturaleza del ser, porque, entonces, también tendríamos que decir que lo es no volar con las aves, y no andar a cuatro patas con los cuadrúpedos, ni estar armado de cuernos como el toro. Por esa misma razón, habría que decir que el caballo es desgraciado, porque, por hermoso que sea, el pobre no ha aprendido gramática ni come pasteles; ¿y el toro?, igualmente miserable, pues es un inútil haciendo gimnasia. Así que, si el caballo no es miserable porque no sepa gramática, tampoco lo es el estulto, pues su propia naturaleza comporta todas estas cosas.

Vuelven a la carga esos domadores de palabras: «El conocimiento de la Ciencia es una particularidad del hombre, gracias a la cual el hombre compensa las limitaciones que le ha puesto la naturaleza».

---

[57]   Casi todas las expresiones que se refieren a las locuras de esas viejas damas están tomadas de autores latinos como Marcial y Horacio. Erasmo escribe para entendidos.

Como si la naturaleza, contestaría yo, se hubiera regido, cuando creó al hombre, por una ley distinta de la que tenía cuando creó a los demás seres; como si ella, que con tanta delicadeza cuidó de los mosquitos, de las hierbas y de las florecillas, sólo se hubiera adormecido a la hora de cuidar del hombre, hasta el extremo de tener que valerse del saber que Thoth, ese genio enemigo del género humano, ideó con refinamiento depravado y que es tan enemigo de la felicidad que perjudica a quien lo consigue, como, de acuerdo con lo que anota Platón, dijo, en frase admirable, un rey sapientísimo, que hablaba del inventor del alfabeto[58]. Así pues, debe reconocerse que las ciencias se colaron como una de tantas calamidades de la vida, y por eso a los autores de estos males, de quienes derivan todas las desgracias, se les llama «demonios», nombre que procede del griego *daimon,* que es «el que sabe».

Gente sencilla era aquella de los siglos áureos, que sin ir armados de saberes algunos, vivían siguiendo solamente las inclinaciones naturales y la guía del instinto. ¿Para qué era necesaria la gramática, si hablaban todos una misma lengua y no era necesario consumir más prosa que la justa para entenderse unos con otros? ¿Para qué les servía la dialéctica, si no había nada que fueran opiniones contrarias? ¿Cuál era el papel de la retórica, si nadie se metía en los negocios de los demás? ¿Cuál era la utilidad del conocimiento de la jurisprudencia, si estaban lejos de las malas costumbres, que han sido, sin duda, las que han dado origen a las buenas leyes? Infinitamente más piadosos eran aquellos hombres que los que hoy, con curiosidad llena de impiedad, escudriñan los misterios del Universo, las dimensiones de los astros y sus movimientos, y los efectos y las recónditas causas de los hechos.

Entonces se consideraba un crimen el que alguien pretendiera ira más allá de lo que le consentían sus propias fuerzas, y no cabía en cabeza humana la locura de preguntarse qué hay más allá de las estrellas. Pero, corrompida que se hubo, poco a poco, la pureza de esta edad de oro, nacieron las ciencias, inventadas, como ya he dicho, por los genios del mal, si bien al principio fueron muy pocas y cultivadas por muy pocos. Después, la superstición de los Caldeos y la ociosa fantasía de los griegos añadieron otras mil, que no es más que una

---

[58]   Thoth es el dios egipcio al que, de acuerdo con lo recogido por Heródoto, se le atribuye la invención del alfabeto más antiguo. Es el suyo un poder maléfico.

clara tortura de la mente, hasta el punto de que una sola de ellas, la gramática, se basta y se sobra para ser perpetuo carnicero de la vida.

Ciencias que más sintonizan con la Estulticia

33.   Lo que es indiscutible es que las ciencias que más se aprecian entre todas son aquellas que más se aproximan al sentido común, es decir, a la estulticia. Mueren de hambre los teólogos, los físicos mueren de inanición, los astrólogos son la irrisión, son desdeñados los dialécticos. Sólo «el hombre que es médico vale por muchos hombres»[59]. A los de este oficio, cuanto más estultos, más osados y más ignorantes sean, en más aprecio se les tiene, incluso entre la gente principal. Por eso puede afirmarse que la Medicina, sobre todo como la ejercen hoy día muchos médicos, no es otra cosa que ponerse de acuerdo con el gusto del cliente, tanto por lo menos como pueda conseguirse por medio de la retórica. El lugar inmediato después de los médicos lo ocupan los leguleyos. La verdad es que no sé si no ocupan, de hecho, el primer lugar, pues de esa profesión todos los filósofos se ríen al unísono como si fuera propia de asnos. Yo no me atrevo a ir tan lejos, pues lo cierto es que estos supuestos jumentos gobiernan, después, a su antojo tanto los grandes como los pequeños negocios. Ven, así, cómo aumenta su riqueza, mientras los teólogos, que han sacado de su tintero todo lo divino, se ven obligados a roer legumbres y sostener guerra sin cuartel con chinches y piojos.

Así pues, como las ciencias que más provecho dan son las más afines a la estulticia, dedúcese de ello que los hombres más felices serán los que consigan privarse de manera total de toda relación con el saber y se gobiernen tan solo por los dictados de la Naturaleza, que en nada nos abandona a no ser cuando pretendemos traspasar sus linderos. Odia lo artificioso y es más feliz cuando no ha sido profanada por el dolo.

El hombre, más desgraciado que los animales

34.   Vamos, ¿es que no os dais cuenta de que también entre los animales de otras especies viven más felices los que son completa-

---

[59]   Lo dice HOMERO en la *Ilíada*, XI, 514.

mente ajenos a toda educación y no se dejan guiar por nada que no sean las leyes propias de la naturaleza? ¿Hay seres más dichosos y admirables que las abejas, pese a que carecen de algunos sentidos? ¿Qué hombre sería capaz de sacar de la nada una arquitectura como la que ellas tienen para construir sus viviendas, ni qué república como la suya inventó nunca filósofo alguno?

Por el contrario, el caballo, que tiene una inteligencia semejante a la del hombre y que se ha convertido en compañero suyo, en cierto modo es partícipe de las desgracias propias del hombre. Y así, no es raro verlo reventar en las carreras, escapando de la vergüenza de la derrota, o caer en la batalla acribillado de heridas y, junto con el jinete, morder el suelo con la boca, mientras se escuchan los gritos de la victoria. Y no me paro a hablar del bocado, del freno, de la afilada espuela, de la cárcel de la cuadra, de los latigazos, de los golpes, de las trabas en las patas, del jinete, en suma, de la tragedia de la esclavitud a la que espontáneamente se entregó cuando, por imitar a los héroes, sintió la imperiosa necesidad de vengarse del enemigo. ¡Cuánto mejor es la vida de las moscas y la de las avecillas que, en cualquier momento, y sólo siguiendo su instinto, son capaces de escapar de las trampas que les pone el hombre! Si metes un pájaro en la jaula, podrá, incluso, aprender a imitar la voz humana, pero su canto perderá su gracia natural, pues hasta ese punto es más hermoso el producto de la Naturaleza que el fingimiento del arte. Por eso nunca alabaré en exceso el famoso gallo Pitágoras[60] que, habiéndose transformado, sucesivamente, en hombre, en filósofo, en mujer, en rey, en paisano, en pez, en caballo, en rana y hasta creo que en esponja, acabó convencido de que el hombre era el más infeliz de los mortales, pues vio que todos los demás permanecen en los límites de su condición natural y sólo el hombre es el que trata de rebasar los que se ha impuesto a la suya.

Ventajas de los estultos sobre los sabios

35.   Reconoce también Pitágoras muchas más virtudes en los estultos que en los sabios e ilustres. El famoso Grilo fue mucho más

---

[60]   El gallo que, cuenta Luciano, se convierte en Pitágoras.

sabio que el «astuto Odiseo»[61], pues prefirió quedarse gruñendo en la pocilga a salir con él a correr miserables aventuras. No es Homero, padre de las fabulaciones, de otra opinión, pues dice de los hombres todos que son infelices y desgraciados mientras llama a Ulises, siempre ejemplo de sabiduría, «digno de compasión», algo que nunca llamó ni a Paris, ni a Ajax, ni a Aquiles. ¿Por qué hizo eso? Porque aquel vivo y engañador Ulises no hacía nada sin consultar con Palas y cuando se apartaba de la naturaleza se equivocaba.

Por tanto, los que están más lejos de la felicidad son aquellos que cultivan el saber, doblemente estultos por ese motivo, pues, tras haber nacido seres humanos, se olvidan de su condición y pretenden emular a los dioses, y, siguiendo el ejemplo de los gigantes, hacen la guerra a la naturaleza sirviéndose de los artificios de la ciencia, y de ahí que tengo por menos desdichados en el mundo a los más cercanos a la estulticia y a la condición de los brutos, que a los que no quieren sobrepasar para nada su condición de hombres.

Voy a demostrar lo que estoy diciendo y no precisamente con entimemas[62] de los estoicos sino con un ejemplo de una claridad meridiana. Contestadme, por los dioses inmortales, ¿hay, acaso, seres más felices que aquellos a los que el vulgo llama locos, estultos, imbéciles y melones, apelativos, por cierto, que, a mi entender, son hermosísimos? Quizá a primera vista resulte eso un tanto desconcertante y absurdo, pero, sin embargo, es una verdad como un templo. De entrada, esta gente no siente el menor temor a la muerte, lo cual es, vive Dios, una gran ventaja. No sienten remordimientos de conciencia. No les dan miedo las almas en pena. No los asusta la amenaza de los males, ni tampoco los estimula la esperanza de los futuros bienes. En una palabra, no los consumen las mil y una preocupaciones que atormentan la vida. No se ruborizan, no respetan nada, nada ambicionan, nada envidian, no aman. Para colmo, porque se acercan tanto en sus actos a la absoluta ignorancia de los brutos, según los teólogos, no pecan.

Hora es de que me expliques, sabio estultísimo, cuántas noches y días pasas torturado en tu espíritu por tus propios problemas; haz

---

[61]   *Odisea* es Ulises en griego. Grilo es el personaje de Plutarco, convertido en cerdo, que dialoga con Ulises y se niega a acompañarlo. Paris, Ajax y Aquiles son conocidos personajes de la guerra de Troya.

[62]   Son formas de silogismo en las que una de las dos premisas se elude.

un recuento de las desgracias que te afligen y de esa manera te darás cuenta de los muchos sinsabores que mis amados necios se ahorran. Añade que siempre están alegres, cantando y riendo, y que allí donde van llevan consigo la alegría, la juerga, la diversión y las carcajadas. Tal parece haber sido el cometido que la bondad de los dioses les ha encomendado; es decir, alejar la tristeza de la vida de los hombres. Y adviértase, en fin, que así como los otros hombres inspiran a los demás afectos contrarios, los míos son recibidos por todos con general agrado, como si fuesen antiguos camaradas de todos, razón por la cual se los solicita, se les llena la panza, se los festeja, se los abraza, se los protege y se los ayuda si es necesario, y hasta se les permite decir y hacer lo que les apetezca. Y hasta tal punto nadie desea hacerles el menor daño que incluso las bestias y las fieras parecen dulcificar con ellos su fiereza, como si presintiesen, de alguna manera, que son inofensivos. Son verdaderos dioses sagrados, desde luego lo son para mí, y nadie considera injusto el honor que se les dispensa.

La sencillez del estulto

36.   Ninguno de los grandes personajes que nadan en la abundancia, incluidos los reyes, pueden comer, pasear o vivir sin ellos, ni siquiera un momento. A menudo prefieren a estos melones a los ceñudos sabios, que sólo por mero lucimiento sostienen en sus moradas. El motivo de semejante preferencia no creo que sea nuevo ni que sorprenda, pues, en efecto, los sabios ya mencionados, engreídos con sus conocimientos, acaban hablando siempre a los príncipes y a los poderosos de cosas tristes, sin reparar en que, a veces, están rozando muy delicadas orejas con la aspereza de la verdad.

En cambio, los bufones ofrecen lo único que, de verdad, está deseando encontrar el príncipe: bromas, risas, carcajadas incluso, jaleo. Dejadme que os diga que estos insensatos tienen un don muy apreciable: son los únicos sinceros, que van con la verdad por delante, y esa es una de sus cualidades. ¿O es que hay algo más digno que la verdad? Aunque Platón hiciera decir a Alcibíades que la verdad sólo se encuentra en la infancia y en el vino, lo cierto es que se me debe a mí de manera muy especial, y así lo expresó Eurípides, autor de aquel verso, por nosotros tan repetido, que dice: «Los tontos no dicen más que tonterías». Todo lo que el fatuo lleva dentro lo refleja en su semblante y eso es lo que sale de su boca. Los sabios, en cambio, como recuerda también Eurípides, tienen dos lenguas: con una dicen la verdad; con la otra, lo que les conviene en cada momento. Tienen la habilidad de hacer de lo negro blanco y hacer que sea ahora frío lo que hace poco era caliente. Hay, en efecto, una gran distancia entre lo que guardan en su interior y lo que fingen con sus palabras.

A pesar de sus brillos, la existencia de los príncipes me parece de lo más infeliz, pues les falta quien les diga la verdad y sólo tienen a su lado aduladores en vez de amigos. Puede decir alguien: es que son los príncipes los que abominan de la verdad, y por eso mismo escapan de los sabios, temiendo que vayan, acaso, a tropezar con alguno que se pase de sincero y se atreva a decirles algo más cierto que agradable. Porque, en efecto, peligroso es ir a los príncipes con verdades claras, pero diría que incluso ese peligro se convierte milagrosamente en provecho para mis fatuos, pues no sólo se les escucha con deleite las verdades más desnudas sino incluso aquello que está claramente registrado como injuria; incluso se ha dado el caso de que aquello que, dicho por un sabio, lo llevaría sin duda a la horca, llegue a producir, si sale de la boca de un tonto, un efecto relajante. La verdad, si no es ofensiva, tiene en sí misma la virtud de agradar; pero los dioses han concedido este don sólo a los imbéciles.

De ahí que este tipo de hombres guste tanto a las mujeres, tan propensas ellas a los halagos y a las bromas. Por eso, al encontrarse con ellos, aunque se trate de cosas serias —a veces lo son— siempre las toman a broma y lo interpretan como una chanza. Tan ingenioso es aquel sexo, sobre todo cuando se trata de echar tierra sobre sus propios deslices.

37. Así pues, para volver a la felicidad de los fatuos, tengo que decir que pasan la vida muy alegremente, y, al final, sin haber tenido ni siquiera noción de lo que es la muerte, se van derechos a los Campos Elíseos a dar risas a las almas piadosas y desocupadas.

Compárese, pues, ahora, con un loco de este talante a cualquier sabio, un sabio que ha gastado su infancia y adolescencia en el estudio de las disciplinas científicas; que ha fundido lo mejor de su vida en constantes vigilias, preocupaciones y fatigas; que en el tiempo que le quedaba ni siquiera probó el placer; un hombre siempre sobrio, pobre, triste y severo, duro y riguroso consigo mismo, desagradable para los demás, de extrema palidez en el semblante, flaco, enfermo y legañoso, envejecido, con el pelo prematuramente blanco, que, además, también prematuramente, se marcha al otro mundo. ¿Qué le importa la muerte si nunca vivió de verdad?

¡Ahí tenéis la espléndida imagen del sabio!

Relaciones de la Estulticia con la locura y clases de locura

38.   Pero, una vez más, me aturden con su croar las «ranas del pórtico»[63]. «No hay mayor infortunio que la locura, —me dirán— y la estulticia comprobada se parece mucho a ella. Hablando con mayor propiedad, viene a ser la locura misma, pues enloquecer no es sino sufrir el extravío de la razón».

Los que piensan de esa manera se equivocan de medio a medio.

Vamos, pues, y destrocemos también ese silogismo, con la ayuda de las Musas. En efecto, se trata de un sofisma más. Y así como Sócrates, tal cual dice Platón, enseñaba que en una Venus igualmente se pueden ver dos Venus, y en un Cupido dos Cupidos, debieran estos dialécticos distinguir entre una y otra clase de locura, si tienen la esperanza de ser llamados cuerdos. No puede, desde luego, admitirse que toda locura sea una desgracia. No hubiera escrito Horacio: *An me ludit amabilis insania:* «No juega conmigo una suave locura», ni Platón hubiera situado entre las cosas más excelentes de la vida la exaltación de los poetas, la de los oráculos y la de los amantes, como tampoco hubiera llamado «locuras» la Sibila a los trabajos de Eneas.

Realmente, hay dos géneros de locura: una es la que las Furias engendran en el infierno, cuando lanzan serpientes venenosas y los corazones de los hombres vibran con la pasión de la guerra, la sed insaciable del oro, el amor prohibido y abominable, el parricidio, el incesto, el sacrilegio o cualquier otra peste, o bien cuando, en fin, engendran la conciencia del culpable con la tremenda antorcha del remordimiento.

Pero hay otra locura muy distinta de ésta, que procede de mí y que todos desean con enorme ansia. Suele manifestarse, normalmente, por

---

[63]   Se refiere a los estoicos, mil veces despreciados por sus críticos.

un cierto alegre extravío de la razón, que, al tiempo, libera el ánimo de sus preocupaciones y angustias y devuelve el aroma de muchos placeres. Esta es la que deseaba Cicerón como verdadero regalo de los dioses, según dice en su epístola a Ático, para poder disipar sus muchas desgracias. Tampoco la consideró un mal aquel ciudadano de Argos que había estado loco hasta el punto de acudir todos los días a un teatro vacío donde sólo él tomaba asiento, y allí reía, aplaudía y se divertía creyendo ver representadas admirables tragedias, lo cual no impedía que en los demás aspectos de la vida fuera un hombre bien asentado, «alegre con los amigos, con su mujer cómplice, complaciente con los criados, a los que nunca castigó porque le hubiesen descorchado una botella».

El pobre, curado que hubo por las muchas medicinas que le obligaron a ingerir sus familiares, protestaba de la siguiente manera: «Por Pólux, mis amigos, que habéis acabado conmigo; que no se salva sino que se mata —decía—, si habéis extirpado el placer arrancando, por la fuerza, tan gratísimo desvarío de la mente».

Tenía toda la razón, sin duda: ellos eran quienes desvariaban, quienes más necesitaban el eléboro[64], precisamente por haber creído que estaban en la obligación de aplicar remedios a lo que juzgaban una locura, cuando se trataba de algo tan divertido y alegre.

Con lo cual no quiero decir, evidentemente, que sea lícito dar el nombre de locura a todo desorden o error de los sentidos o de la mente misma, ni que deba, por ejemplo, ser tenido por loco alguien por el simple hecho de tener telarañas en los ojos y confundir un mulo con un asno, o que, por el mismo motivo, se queda boquiabierto ante un poema más bien ramplón; pero sí será un loco el que, no tanto por falta de sentido como por mengua de juicio, se sale de lo corriente y normal, pues a éste su locura le hará tomar un asno por un mulo, que es el mismo caso que el de quien, oyendo rebuznar a un asno, se figurase que estaba oyendo una música maravillosa, o el del cuitado que, habiendo nacido en cuna pobrísima, estuviera persuadido de que era Creso, rey de los lidios. La locura de este género, si, como acontece con frecuencia, es inclinada al deleite, produce no menos alegría al que la tiene que a los que la presencian, con tal de que no estén tan locos como él, porque, aun siendo más general de lo que se piensa, el

---

[64] Hierba purgante.

loco búrlase del loco, unos a otros se proporcionan recíproco solaz, y no es raro observar que el que más loco es se ríe de más buena gana del que lo es menos.

Algunas locuras: la caza, la monomanía de edificar, la alquimia y el juego

39.   De todos modos, lo que mejor le vendrá a cada uno —y es la Estulticia quien lo aconseja— es ser loco de todas las formas y maneras de locura, siempre que no se salga del género de locura que me es peculiar y que tan extendido se encuentra, que no sé yo si entre los mortales podrá encontrarse uno solo que sea siempre sensato y que no tenga, al menos, algún tipo de manía. Pero es importante distinguir entre locura y locura; por ejemplo, si uno, viendo una calabaza, se empeña en que se trata de una mujer, en buena lógica, la gente lo tendrá por loco, por la sencilla razón de que semejante dislate sólo se le puede ocurrir a alguien muy singular; pero, si jura y perjura que su mujer, que tiene en régimen de uso con otros muchos, es la fiel Penélope[65], y pondera sus virtudes de manera exagerada, este tipo lo que estaría haciendo es engañarse dulcemente y nadie habrá que lo crea loco, porque conocen lo abundantes que son los maridos de esta ralea.

A esa categoría pertenecen los que lo abandonan todo y se entregan a la caza mayor, juzgando el resto despreciable, y dicen que no pueden remediarlo, pues sienten singularísimo placer al oír el ronco sonido del cuerno o los aullidos de la jauría. Sospecho, incluso, que al oler los excrementos de los perros les parece que están aspirando el aroma del cinamomo[66]. ¿Qué placer hay en despedazar a una bestia? Siempre fue oficio de siervos y plebeyos descuartizar toros y carneros; en cambio, hacer picadillo a las fieras se considera un privilegio exclusivo de la nobleza. Vedlo, con la cabeza descubierta, rodilla en tierra y sirviéndose de un cuchillo especial —utilizar uno cualquiera no sería de recibo—; sus ademanes son estudiados, el ritmo de la faena está establecido, es todo un rito el desarrollo de la misma; solemnemente

---

[65]   La fiel esposa de Ulises que se pasó media vida esperando el regreso de su esposo a Ítaca, tejiendo y destejiendo la misma pieza para entretener a sus pretendientes.

[66]   El cinamomo es una planta aromática. De ella se habla por extenso en *Los nueve libros de la historia,* de Heródoto, página 127 y nota. Volumen número 4, *Biblioteca Leyes y Letras.*

va cortando la pieza mientras la silenciosa tropa de los circunstantes admira lo que contempla, pues se trata de una obra de arte cada vez distinta; como si no hubiesen asistido mil veces al mismo espectáculo... Y si, al final, alguno consigue llevar a su mesa un trozo de aquella carne, es para él casi un blasón que forma parte de los de su nobleza. Pero lo cierto es que estos individuos, a fuerza de perseguir de manera habitual a los fieros animales, y a fuerza de alimentarse de su carne, acaban por convertirse ellos mismos en una especie de alimañas, aunque estén pensando, por el contrario, que se han puesto a la altura de los reyes.

Hay que meter en el mismo saco a aquellos a los que los consume la manía de levantar edificios y que se pasan la vida encuadrando lo que es redondo y redondeando lo que era cuadrado. Es lo único que les preocupa; no tienen más objetivo que ése, y lo hacen con tal dedicación que acaban en la extrema miseria, sin lugar donde vivir ni bocado que llevarse a la boca. ¿Qué más da? Mientras tanto, han pasado unos años felices.

Creo, también, que son del mismo abolengo los que, entregados al cultivo de las ciencias ocultas, se afanan por mudar a fondo la naturaleza de los cuerpos y buscan, por mar y tierra, no sé qué quintaesencia. Los engaña a estos una dulce esperanza que anula su posible miedo a las fatigas y a los cuantiosos gastos; están siempre discurriendo, con muy sutil ingenio, algo que, aunque vaya a burlarlos una vez más, les haga nacer una grata ilusión, de suerte que todo suceda así hasta el día en que, consumidos todos sus bienes, no les queda ni siquiera para encender sus fogones. Ni así renuncian a sus dulces sueños, dispuestos a conseguir que los demás disfruten, también, de semejantes felices desvaríos. Cuando, finalmente, se ha apagado cualquier llama de esperanza, aún les queda una sentencia que supone para ellos un gran consuelo: «En las grandes cosas, basta con intentarlo».

Y de este modo, achacan su fracaso a la brevedad de la vida del hombre, nunca suficiente para rematar las grandes hazañas.

En cuanto a los jugadores de dados, estoy indeciso sobre si aceptarlos o no en nuestra cofradía. Pero, no se negará que es estulto y hasta ridículo el espectáculo que ofrecen algunos de ellos, tan dominados por la pasión del juego que en cuanto oyen el rodar de los dados ya les empieza a dar saltos el corazón. Y, además, por culpa de las redes que les tienden continuamente el afán y la esperanza de ganar, llevan su patrimonio al naufragio y a la escollera del tapete verde, no menos temible que la de Malea[67]; pero apenas emergen del naufragio, en cueros vivos, son capaces de sablear a cualquiera menos a quien les ha ganado, porque les va en ello la fama de hombres formales. ¿Y qué pasa cuando ya son viejos y medio ciegos, que se juegan los anteojos y hasta los ojos mismos? Finalmente, cuando la justiciera gota les inmoviliza los artejos, llevan a jugar por ellos a algún suplente que les arroje los dados después de meterlos ellos en el cubilete.

Sería, en el fondo, una cosa graciosa si no fuera porque, como el juego suele, a veces, derivar en ira, corresponde más al dicasterio de las Furias que al mío.

La superstición, forma de Estulticia: consejas, rezos milagrosos, ofrendas, falsas indulgencias, ensalmos, cultos de las imágenes, exvotos y funerales

40. Hay otros hombres que, sin duda alguna, son de nuestra tribu: los que encuentran especial placer en contar o en escuchar consejas y hablar de milagros y de cosas extraordinarias, relatos de los que nunca se hartan con tal de que se refieran a apariciones de espectros, cosas de duendes, de fantasmas, de infiernos y de mil otras zarandajas extraordinarias por el estilo, que, cuanto más se alejan de lo verosímil, más fácilmente se las tragan y con mayor dulzura regalan sus oídos. Y téngase en cuenta que todo ello no sólo sirve para matar el tiempo tan ricamente sino incluso para ganar dinero, sobre todo en el caso de clérigos y predicadores.

Y muy parecidos son aquellos que mantienen la estúpida pero deliciosa convicción de que si ven una talla o pintura de san Cristóbal ya no morirán ese día, o de que, si rezan no sé qué oración ante la imagen de santa Bárbara, volverán sanos y salvos de la guerra, o de que si se postran ante la talla de san Erasmo en días señalados, encendiéndole, de paso, tantas y tantas candelas, y rezándole tales o cuales preces, muy pronto van a nadar en la opulencia. Se han inventado en la figura

---

[67] Cabo de Laconia, lugar peligroso donde naufragaban muchos barcos. La sentencia poco antes traída por Erasmo *(En las cosas grandes basta con intentarlo)* es de una *Elegía* de PROPERCIO.

de san Jorge a otro Hércules, igual que los poetas se inventaron un nuevo Hipólito. Y aunque es verdad que no adoran como al santo al caballo que monta, lo engalanan con jaeces y gualdrapas y tratan de ganarse su amistad con algunas limosnillas, y hasta suponen que es cosa digna de reyes jurar por el yelmo broncíneo de san Jorge[68].

Y no sé qué decir de aquellos que, con indulgencia que ellos mismos se han inventado, se perdonan sus propios pecados, miden como con una clepsidra la duración del purgatorio, cuentan los siglos, los años, los meses, los días, las horas, como si, para hacerla, tuvieran una tabla matemática, sin margen de error alguno. Tampoco sé qué decir de aquellos otros que confían en que, por medio de palabras mágicas y ensalmos inventados por algún aficionado devoto, bien para la salud de las almas o bien para provecho de su bolsa, se van a enriquecer, van a disfrutar de los honores, los placeres, la abundancia, una salud eternamente espléndida, una larga vida, una vejez vigorosa y, finalmente, un lugar de privilegio junto a Cristo, aunque también es cierto que hasta el último momento no parecen sentir maldita la impaciencia por ocuparlo, esto es, mientras les es posible disfrutar de los placeres del mundo, a los que se aferran con uñas y dientes, pues sólo cuando se les acaban es cuando, según ellos, deben comenzar las delicias celestiales. Hay que incluir también aquí algunos negociantes, soldados y jueces que, ofreciendo para obras de caridad un miserable ochavo, se creen purificados de toda Lerna[69] y redimidos como por decreto de sus perjurios, de sus marranadas, de sus borracheras, de sus trifulcas, de los asesinatos, de las calumnias, de sus perfidias y de sus traiciones, de tal manera que llegan al convencimiento de que han conseguido la patente que les permite comenzar de nuevo sus fechorías.

---

[68] Los santos citados son de dudosa existencia. La Iglesia, sin retirarlos del santoral ni del culto popular, los ha puesto en entredicho, tal vez porque pueden responder a mitos cristianizados y no a personas reales.

Por lo que se refiere a Hipólito, es, en efecto, personaje mítico. Hijo de Teseo y de Hipólita, resistió el acoso de su madrastra Fedra que intentó seducirlo. Despechada, Fedra se suicida, no sin antes acusar a Hipólito, ante su padre, de haber intentado violarla. Maldecido por su padre, el muchacho muere arrastrado por sus caballos, pero, reconocida su inocencia, vuelve a la vida gracias a Artemisa, que lo puso bajo la protección de la ninfa Egeria.

[69] La laguna donde moraba la hidra a la que dio muerte Hércules, situada al este del Peloponeso, en la Argólida. Purificados «de toda Lerna» es como decir que desaparecen las siete cabezas de la hidra, o sea, los siete pecados capitales, con lo que la limpieza sería total.

¿Los hay más estultos, o, mejor, más felices, que aquellos que aspiran a algo más todavía que a la felicidad suprema, recitando a diario aquellos famosos siete versículos de los salmos? Sin duda recordaréis que el rezo de estos mágicos versículos se supone que fue sugerido a san Bernardo por cierto diablillo burlón, más ligero que malicioso, que acabó cayendo en sus propias redes. Pues... todas estas cosas tan tontas que hasta a mí misma me producen rubor, no sólo han merecido la aceptación del vulgo sino que incluso se han ganado la aprobación de los maestros de la fe.

Y bien, en el fondo viene a ser lo mismo que cuando las distintas regiones reivindican para sí un patrono especial, y a cada uno de esos santos se le da culto especial pero también se le atribuyen virtudes particulares: a uno se le pide que cure el dolor de muelas, al otro que dé a la parturienta un alumbramiento feliz; a éste, que se le restituya lo que le han robado; a aquel, que lleve al náufrago a tierra; al de más allá, que proteja los rebaños, y así sucesivamente. Me detengo porque no acabaría nunca. Sólo diré que, entre ellos, hay algunos con virtudes especialmente adecuadas para socorrer en varias situaciones, sobre todo la Virgen Madre de Dios que, como se sabe, es considerada por la mayoría de los hombres como más propicia que su propio hijo.

41.   ¿Y qué es lo que los hombres piden a estos personajes superiores sino cosas que tienen directa relación con la estulticia? Decidme si, entre los muchísimos exvotos que pueblan los muros y las bóvedas de los templos, recordáis haber visto alguno puesto por alguien curado de la estulticia o dando las gracias por haber conseguido un gramo de sabiduría. No; se ven los exvotos ofrecidos por el que salvó la vida a nado, o por quien, atravesado su cuerpo de parte a parte por la espada del enemigo, sobrevivió; por el que, en medio de una batalla, mientras los demás luchaban con bravura, huyó no con menos fortuna que valentía. Por aquel que, estando ya colgado de la horca, impetró la ayuda de un santo determinado, protector de los ladrones, y el santo hizo que se rompiera la cuerda con lo que su protegido pudo seguir aliviando a algunos del peso de sus riquezas bastante mal amasadas. O por el otro, que se fugó de la cárcel después de romper los barrotes. O por aquel que se repuso de la fiebre con gran enfado del médico. O por aquel que, habiéndose tragado una pócima venenosa, no sintió más efecto que una

flojera de vientre, pero sin perjuicio mayor alguno, lo cual sí perjudicó a su amante esposa que había puesto en ello trabajo y dinero. O por aquel que, habiéndole dado el carro un vuelco, consiguió llevar a casa, sin mayor novedad, los caballos. O por aquel que, sorprendido por un derrumbamiento, consiguió salvarse. O por aquel que consiguió burlar al marido burlado que iba por él. Pero ni uno sólo hay dando gracias por haber dejado la estulticia. Más aún, es tan dulce no saber nada que todo género de temores tienen los mortales menos miedo a la Estulticia. Y me pregunto, ¿por qué me he metido en este mar de supersticiones?

«Ni siquiera aunque tuviera cien lenguas y cien bocas, y una voz de hierro, sería capaz de describir los géneros de los tontos, ni podría detallar todos los nombres de la estulticia»[70].

La vida de los cristianos, doquiera se observe, se encuentra llena de estas supersticiones, que los mismos clérigos admiten y hasta fomentan sin grandes dificultades, pues saben lo mucho que repercuten en sus estipendios.

Y si alguno de esos sabios insoportables apareciera de repente y los importunara diciendo: «No morirás mal si vives correctamente; redimirás tus culpas si al óbolo de tu ofrenda unes el horror al mal y si, con lágrimas, vigilias, oraciones y ayunos, cambias radicalmente tu manera de vivir; tal Santo te será propicio si procuras imitarlo en su ejemplo»; digo que estas cosas, dichas así por el sabio de marras, causarían una enorme sorpresa y confusión y hasta es posible que acabaran con la felicidad de muchos de los corazones de los pobres mortales.

A la misma cofradía están afiliados también los que durante su vida disponen la pompa y parafernalia que deben presidir sus funerales, detallando con especial minuciosidad y extrema precisión las alabanzas, los coros y las plañideras que han de acompañar su entierro, como si fuera aquel el día en que van a recobrar la vida para disfrutar del espectáculo o, mejor, como si los difuntos fueran a abochornarse por no ser enterrados con ostentación; ellos lo tienen todo previsto con el mismo celo con que los ediles recién nombrados preparan las fiestas y los regocijos populares.

---

[70] Cita versos de VIRGILIO en la *Eneida*, VI, 625-628, eso sí, un poco por libre.

Suprema importancia del amor propio en los individuos y en los pueblos

42. Aunque voy con prisa, no puedo, de ninguna manera, pasar por alto a aquellos que, si es verdad que no se distinguen mucho de un pobre zapatero remendón, sin embargo, hay que ver cómo se pavonean de poseer no sé qué timbre esclarecido de absurda nobleza. Uno asegura que su linaje entronca en Eneas, el otro en Bruto, el de más allá en el rey Arturo. Por todas partes han colocado estatuas y pinturas con la efigie de sus mayores. Pasan revista a los bisabuelos y a los tatarabuelos, recordando sus nombres antiguos, pero la verdad es que se parecen mucho a las mudas efigies de que presumen y, si me apuran, hasta diría que éstas les sacan ventaja considerable. Pese a lo cual, este delicioso gustarse a sí mismo les hace la vida completamente feliz y no falta gente, tan estulta como ellos, que creen que este género de zopencos es muy semejante a los dioses.

Pero, no sé por qué tengo que hablar de clases de estulticia, como si no fuera a todas luces evidente que el amor propio (filautía) siembra por todas partes hermosos ejemplares y admirables modelos a la vista de todo el mundo. Este vecino, que es más feo que un mono, ¿no se tiene por más guapo que el mismísimo Nireo? El otro, como sabe tirar tres líneas con compás y regla, se considera Euclides, y aquel mentecato, cuya voz no es más canora que la de la gallina cuando la cosquillea el gallo, sin embargo se considera por lo menos otro Hermógenes[71].

Hay, además, otro tipo de locura extraordinariamente feliz, no superada por ninguna otra, y que consiste en vanagloriarse de cualquier dote que uno tenga, precisamente por el hecho de tenerla. Tal era el caso de aquel rico doblemente afortunado del que nos habla Séneca[72] que, cuando contaba algún cuentecillo, colocaba a sus criados a su

---

[71] Brevemente, recuerdo que Eneas, héroe de Virgilio y de Troya, es el padre de Roma y de su imperio. Bruto fue cónsul romano que arrojó a los reyes etruscos y fundó la república en Roma en el 509 a. C.; Nireo, amigo muy querido de Baca, fue asesinado por sus compañeros que se habían emborrachado y Júpiter se lo llevó a cielo. Lo cuenta JUVENAL (II ,90-91). «Ese mentecato»: literalmente es «asno con lira» *(anos pros liran,* en griego). La historia de Hermógenes, famoso cantor solista protegido por Augusto, la cuenta HORACIO en sus *Sátiras* (1,3).

[72] Calvisio Sabino, a quien cita SÉNECA en una de sus epístolas, (en concreto XXVII, 5), que tenía una pésima memoria.

lado para que le fueran sugiriendo las palabras, y que seguro que no hubiera dudado en hacerlos bajar a la palestra para que hicieran su papel en cualquier pugilato, pues era hombre de tan pocos arrestos que apenas podía vivir si no era confiando en que tenía en su casa suplentes de gran categoría.

¿Y qué voy a deciros de los artistas, pues cada uno de ellos tiene su especial manera de quererse (filautía), de tal manera que a veces hasta parece más fácil dar con uno capaz de renunciar a la herencia de sus padres antes de perder un ápice de su ingenio? Pasa eso, sobre todo, entre actores, cantores, oradores y poetas, que, cuanto más ignorantes son, más insolente es el concepto que tienen de sí mismos, más vanidad y engreimiento se profesan. Y lo más penoso es que siempre encuentran labios frescos[73] semejantes a los suyos, de suerte que por muy imbécil que sea, siempre tiene muchos admiradores, porque ya es sabido que cuanto peor es algo más gente junta, pues, como ya hemos dicho, la mayor parte de los hombres son vasallos de la Estulticia. Y, resumiendo ya, digo que si el artista menos dotado es el más pagado de sí mismo y el que más admiración despierta en los demás, ¿quién será el que prefiera la verdadera sabiduría, que, primero, tanto cuesta conseguir, que lo convierte en alguien retraído y tímido y que, finalmente, no satisface sino a poquísimas personas?

43. Así que, yo me atengo a lo que me ofrece la naturaleza y observo, además, que, así como cada hombre tiene su filautía (su amor propio), también la tiene cada nación y hasta diría que cada ciudad. Y así, vemos que los Ingleses, por encima de cualquier otra cosa, reivindican como suyas la belleza, la música y la buena mesa; los Escoceses se enorgullecen de su nobleza, de su árbol genealógico que entronca con reyes, aunque también presumen de su capacidad para la dialéctica; los Franceses presumen de su educación y civismo; los Parisienses, prácticamente dejando a todos los demás fuera, se arrogan de manera particular la primacía en la ciencia teológica; los Italianos hacen suyo el mundo de las buenas letras y de la elocuencia; y hay que ver cómo valora cada uno de estos pueblos lo suyo propio, que hasta consideran que no sólo es lo mejor sino que, gracias a eso, son los únicos entre los mortales que por esa razón han dejado de ser bárbaros.

---

[73] La expresión literal es *similes labra lectucas,* es decir «labios lechugas». Las traducciones son variadas y, algunas, variopintas.

En este terreno de la felicidad, los romanos presumen de ser los primeros, pues siguen soñando con los esplendores de la vieja Roma como si fueran hoy una realidad; los venecianos, por su parte, se muestran dichosísimos disfrutando de su «condición» de nobles; los griegos, que fueron creadores de la ciencia, siguen atribuyéndose todos los elogios que se dedican hoy a los clásicos; los turcos y demás patulea de bárbaros piden que se les reconozca la primacía en fervor religioso y se ríen de los cristianos, a los que acusan de estar dominados por las supersticiones. Los judíos, mucho más serenos, siguen esperando sin desánimo la venida del Mesías y conservan hasta hoy mismo la fe en su Moisés; los Españoles no admiten rival en cuestiones bélicas, y los Alemanes, finalmente, se sienten muy satisfechos de su corpulencia y de sus conocimientos de la magia.

Loores de la adulación

44   Aunque no quiero ir caso por caso, creo que habréis visto claramente la gran felicidad que proporciona, tanto a particulares como de manera general, aquí y en cualquier parte, Filautía (el amor propio), tan semejante, además, a su hermana Adulación. Sin embargo, Filautía no es otra cosa que si uno se pasara a sí mismo la mano por el lomo. Si se la pasas a otros, será Colaquía (la Adulación). Hoy, adular está considerado como una infamia, aunque también es verdad que este concepto es propio de los que se preocupan más de la apariencia de las cosas que de las cosas mismas. Consideran que la adulación se compadece mal con la fidelidad; yo creo que cambiarían enseguida de opinión si se detuvieran en algunos ejemplos que los animales nos proporcionan. ¿Quién, en efecto, resulta más adulador que el perro? Y, ¿hay algo más fiel que el perro? ¿Hay algo más bondadoso que la ardilla? ¿Y qué hay más amigo del hombre que la ardilla misma? Yo creo que nadie, a no ser que considere que se avienen mejor con el modo de ser del hombre el feroz y altivo león, el tigre carnicero o el iracundo leopardo. Es verdad que hay una modalidad de adulación absolutamente abominable, que es la que utilizan algunos canallas y miserables bufones, con la que buscan la ruina de los incautos. Pero mi adulación, como procede de la ingenuidad y del afecto del corazón, está mucho más próxima a la verdadera virtud que algunos quieren

enfrentarle, esa aspereza y detenimiento «impertinente y molesto», como dice Horacio.

Aquella levanta el ánimo decaído, da alegría a los tristes, fuerza a los débiles, despabila a los lentos, alivia a los dolientes, doma a los soberbios, reconcilia enamorados, hace duraderas las reconciliaciones. Entretiene a los críos en la ilusión por el estudio de las Letras, da regocijo a los viejos, amonesta y educa a los príncipes en forma de fábulas y sin ofenderlos. Consigue, en fin, que cada uno se acepte y tenga una mayor estima de sí mismo, lo cual es, sin duda, parte esencial de la felicidad. ¿Hay algo más reconfortante que dos mulos rascándose el uno al otro?

Eso, por no hablar del papel de la adulación en la elocuencia más ponderada; lo mismo que de su importancia, mayor, en medicina, y enorme en poesía. Digamos, por último, que es sal y condimento de toda la humana convivencia.

Para ser feliz basta con creer que se es

45. «Pero, equivocarse —dicen— es horrible». Mucho más horrible sería no equivocarse. Están equivocados, sin duda, los que piensan que la humana dicha se encuentra en las cosas mismas y no en la imagen que de ellas se ha hecho el hombre, pues es tal su oscuridad y variedad que a nadie le sería posible entenderlas, como acertadamente definieron los académicos, que son los menos inaguantables de todos los filósofos. Pero, aun suponiendo que se pudieran identificar, seguro que el precio sería la alegría de vivir, pues el espíritu humano está hecho de tal manera que llega con más facilidad a la ficción que a la realidad.

Y si alguien quiere una prueba palpable de lo que acabo de decir, no tiene más que asomarse a una iglesia cuando se esté pronunciando un sermón y allí se dará cuenta de que, si se habla de algo trascendental y profundo, la gente bosteza, se aburre y acaba durmiéndose; pero si el clamador —perdón, quería decir el orador— comienza, como es frecuente, contando un cuento de viejas, todos se espabilan, atienden y siguen el sermón con un palmo de boca abierta. Algo por el estilo sucede cuando se trata de un santo de fábula y ficción poética —pongamos por caso, si quieres un ejemplo, Jorge, Cristóbal o Bárbara—, porque entonces os daréis cuenta de que se les venera con mucha mayor devoción que a san Pedro o a san Pablo y hasta al mismo Cristo. Pero, dejemos esto, que no es lugar de tratarlo ahora.

¡Y cuánto menos cuesta alcanzar una felicidad de este tipo! En cambio, no resulta nada fácil hacerse con las realidades, sean de gran importancia o sean de escasa trascendencia, como puede ser la misma gramática. Y lo fácil que se crea una opinión... Y lo fácilmente que nos conduce, esa opinión, a la felicidad... Más todavía: si uno come un pescado en salazón tan putrefacto que una persona próxima ni siquiera puede aguantar el hedor, y a él, en cambio, le sabe a pura ambrosía, ¿afecta en algo a su felicidad? Por el contrario, si a uno le diese náuseas el caviar, ¿le aporta algo ese bocado a su disfrute de la vida?

Si uno tuviera una mujer feísima pero estuviera convencido de que es comparable a la mismísima Venus, ¿no vendría a ser lo mismo que si en realidad fuera tan hermosa como él piensa? Si el dueño de una tabla, groseramente embadurnada de ocre y bermellón, no hace más que mirarla embelesado, convencido de que es obra salida del pincel de Apeles o del de Zeuxis, ¿no es más feliz que quien ha pagado un alto precio por la obra de un muy reputado pintor, y muy seguramente el placer de éste no alcanza al del primero? Yo conocí a un individuo de mi mismo nombre que, recién casado, regaló a su esposa unas joyas falsas, haciéndole creer —era un bromista famoso— no sólo que eran auténticas sino que eran, además, rarísimas y de valor incalculable. Pregunto, ¿qué le importaba a aquella mujer el engaño, si los trozos de vidrio, por el hecho de ser vidrio, no impedían que el placer de su visión fuera extraordinario y, además, los guardaba como si estuviera guardando un verdadero tesoro? El marido, mientras tanto, además de ahorrarse el gasto, se divertía con la ilusión de su mujer, la cual no se le mostraba menos agradecida que si, en verdad, le hubiera hecho un regalo muy costoso.

¿Creéis que los que en la caverna de Platón[74] se deleitaban con las diversas sombras y representaciones de las cosas estaban deseando algo más, ni que tales espectros les producían menor satisfacción que la que a aquel sabio que salió de la cueva y contempló la verdadera realidad de las cosas le produjo tal visión? Y si al Micilo del que nos habla Luciano le hubiera sido posible soñar perpetuamente aquel

---

[74] PLATÓN: *La República*, VII.

áureo sueño de riquezas, seguro que no hubiera tenido motivos para desear otro tipo de felicidad. Por tanto, o no existe diferencia entre estultos y sabios o, si la hay, salen favorecidos los primeros. En primer lugar, porque su felicidad es más barata, pues para poseerla basta con pensar que ya se tiene. Después, porque es compartida por muchas más personas, y ya se sabe que no hay disfrute verdadero si no se tiene en compañía de muchos.

Liberalidad de la Estulticia

46.   Pues todos sabemos, en efecto, que no hay alegría posible si no se comparte. ¿Quién ignora la escasez de sabios, si es que puede encontrarse alguno que de verdad lo sea? En toda la historia de Grecia, como sabéis, sólo se cuentan siete y, ¡por Hércules! que si se examina más a fondo no estoy muy seguro de encontrar ni medio sabio; menos aún, ni un tercio de sabio.

Por eso, seguramente, la principal entre las muchas alabanzas que se le dirigen a Baco es que ahuyenta las preocupaciones del alma, aunque por poco tiempo, pues en cuanto se duerme la mona, las preocupaciones regresan, como si volvieran a galope, a atormentar el espíritu, mientras que mis beneficios son más plenos y al tiempo más duraderos, puesto que, sin el menor interés por mi parte, lo que hago es provocar una cierta embriaguez constante e infundo en la mente la inclinación al placer, a las danzas y al disfrute. Además, no excluyo a ninguno de los nacidos de mis favores, contra lo que hacen los demás dioses, que sólo los conceden a ciertos preferidos suyos. No todas las tierras producen el vino generoso y delicado, puro y sin tacha, que ahuyenta las penas y se convierte en compañero de las grandes ilusiones.

A pocos les cae en gracia la hermosura, don de Venus, a pocos la elocuencia, regalo de Mercurio. No son demasiados los que consiguen la riqueza, que toca a Hércules dar. Júpiter Homérico no concede a todo el mundo el poder del gobierno. Frecuentemente, Marte parece neutral en las batallas. Gran número de personas regresan desoladas del apolíneo oráculo. A menudo, Saturno fulmina con su rayo. De vez en cuando Febo lanza el dardo de la peste. Son más los que Neptuno se lleva que los que deja. Sin pararme en los Vejoves infernales, Plutones, Atés, Penas y Fiebres y otros «de la misma pasta», carniceros más que dioses. Sólo Yo soy la única Estulticia que, con toda liberalidad, tiendo mis brazos a todos los mortales[75].

Culto universal a la Estulticia

47.   Ni tengo en cuenta las ofrendas ni me paso de la serenidad a la irritación exigiendo expiaciones si se ha omitido algún detalle del ritual. No mezclo el cielo con la tierra cuando alguien ha invitado a los demás dioses y a mí, en cambio, me ha dejado en casa, negándome, así, el humo de las piras sacrificiales. La verdad es que la impertinencia de esos dioses es tal que mejor que darles culto habría, y sería menos peligroso, que olvidarlos, no hacerles caso. Sucede con ellos como con esas personas de tan mal carácter y tan predispuestas a la ira, que es mejor tenerlas absolutamente lejos a tenerlas como amigas.

«Bueno, dirá alguno, pero no sé que nadie haga sacrificios a la Estulticia ni levante templos en su honor». Cierto, y me sorprende un poco semejante ingratitud. Pero, como soy indulgente, incluso eso lo veo de manera positiva, pues, en el fondo, yo no debo desear honores semejantes. ¿Por qué habría de exigir yo el incienso, el pan, el macho cabrío o el cerdo cuando todos los pueblos y todos los hombres me rinden aquel culto que los teólogos señalan como el más excelso? Yo no puedo envidiar a Diana porque se le ofrezcan sacrificios de sangre humana. Me considero mucho más religiosamente adorada cuando veo que me tienen —lo hacen todos— en su corazón, me confiesan en su manera de comportarse y me representan con su vida. Hay que reconocer que este tipo de devoción ni siquiera se encuentra en la que los cristianos dan a sus santos. ¿Cuántos de ellos llevan velas a la Virgen Madre de Dios, incluso a mediodía, cuando no son necesarias? ¿Cuántos, en cambio, son los que la imitan en la castidad, en la humildad y en el amor a las cosas divinas, que son los sacrificios más gratos al cielo? Y, además, ¿por qué he de ambicionar que se me

---

[75]   De nuevo la erudición de Erasmo hace que los párrafos estén plagados de alusiones. En las últimas líneas hay referencias a textos de Ovidio, en sus *Fastos,* en las *Pónticas,* en las *Tristes* y en *Metamorfosis;* a Homero, en la *Ilíada;* a Plinio, en su *Historia Natural.* Imposible, sin grave deterioro de la lectura, interrumpirla para marcar las citas. Por lo que se refiere a los «carniceros» o «matarifes» *(carnifices),* se trata de personajes menores que encarnan el mal y la desgracia.

dediquen templos cuando es mi templo el orbe entero, el más espléndido de todos, en el cual, sin duda, nunca faltarán fieles salvo donde no haya hombres? Tampoco soy tan necia que reclame imágenes de piedra pintadas de colorines, incluso a veces en prejuicio de mi culto, pues hay gente tan tonta y corta de sesera que adora las representaciones de los santos en lugar de adorar a los santos mismos. Pues, no vaya a ser que me pase lo mismo, que acabe siendo suplantada por aquello que me representa, como les sucede a ellos. Creo que hay tantas estatuas levantadas en mi honor cuantos son los mortales que llevan consigo mi *vera effigies* —algunos de ellos mal que les pese—, y, por tanto, nada tengo que envidiar a otros dioses, ni siquiera que a algunos se les rinda culto en determinados rincones de la tierra y en días especiales, como sucede con Febo en Rodas, con Venus en Chipre, con Juno en Argos o Minerva en Atenas, Júpiter en el Olimpo, Neptuno en Tarento o Príapo en Lampsaco, porque, de hecho, a mí se me ofrecen a diario sacrificios mil veces más valiosos y, además, en toda la extensión del orbe.

Beneficios de la Estulticia y formas que toma, según las personas. La estulticia del vulgo

48.   Si alguien piensa que lo que digo es más una fanfarronada que una verdad, que se fije conmigo, durante unos momentos, en la vida de los hombres, para que vea con mucha claridad cuánto me adeudan y el aprecio en que me tienen grandes y pequeños. Para ello, no pienso pasar revista a cada uno de los estados, pues intentarlo resultaría extremadamente prolijo; me fijaré en aquellos más notables, y por ellos podremos apreciar todos los demás. ¿Qué deciros de la chusma y del pueblo bajo que, sin discusión alguna, son todo míos? Abundan en: ellos, por doquier, las diferentes formas de estulticia y cada día generan otras nuevas, de tal suerte que ni mil Demócritos bastarían para reírse de todas ellas y sería necesario otro Demócrito más para poner en solfa a los otros Demócritos[76].

Son increíbles las carcajadas, las juergas y el relajo que esos pobres hombres proporcionan continuamente a los dioses inmortales,

---

[76]   Demócrito es el filósofo que se ríe de la condición humana.

pues aunque éstos dediquen las horas matutinas, con la cabeza todavía clara, a deliberar sobre agravios y quejas, así como a recibir las ofrendas, el resto del día, es decir, cuando ya están atiborrados de néctar y no les da la gana hacer ninguna otra cosa de provecho, se sientan en la parte más elevada del Olimpo y, desde allí, se inclinan para ver lo que hacen los hombres. Es el espectáculo que más los divierte.

¡Qué teatro tan estupendo! ¡Qué turbamulta de imbéciles! Y lo digo porque debéis saber que yo también tomo asiento a veces con los dioses.

Veo cómo éste se pierde por una mujercilla a la que más se aficiona cuanto más ella lo desprecia. Aquel se casa con una dote, que no con una mujer. El otro prostituye a su esposa. Aquel otro, que es un celoso, vigila como Argos. Aquel, que está de luto, ¡hay que ver la cantidad de tonterías que dice y hace! Ha llevado plañideras para que representen la farsa del duelo. ¡Llora sobre la féretro de la madrastra...!

Éste se mete al cuerpo todo lo que pilla, aunque después no tenga qué llevarse a la boca. Aquel otro es de la opinión de que lo mejor es dormir y no hacer nada. Algunos se ven que se preocupan muy mucho de los negocios del vecino, pero tienen los suyos abandonados. Veo a otros que se creen que el dinero que han tomado a crédito es suyo y que las riquezas ajenas también les pertenecen, y, claro, se arruinan enseguida. Los hay que cifran su felicidad en vivir estrechamente a fin de dejar una herencia poderosa. Los hay que, por conseguir un beneficio insignificante y nada seguro, entregan su vida a las olas y al viento, una vida que, si la pierden, con ningún dinero podrán recuperar. Aquel de allí prefiere buscar la fortuna en las guerras, cuando podría estar muy tranquilo en su casa. Los hay que, haciéndose con la voluntad de los viejos sin hijos herederos, suponen que es fácil hacerse ricos. Aunque tampoco faltan algunos que, para conseguir el mismo resultado, prefieren cortejar y echar el gancho a una vieja rica. Pero ninguno de estos que digo proporciona a los dioses tan gran jolgorio como aquellos que van por lana y vuelven trasquilados.

Los comerciantes son la grey más estúpida y mezquina, pues todo lleva en ellos el sello de lo sórdido y sus móviles son más sórdidos, si cabe. En efecto, mienten, juran en falso, engañan, defraudan y roban siempre que pueden, pese a lo cual se consideran a sí mismos la gente más principal del mundo, y sólo porque llevan los dedos revestidos de oro. Y no faltan frailecillos aduladores que les bailan el agua y que, delante de todos, les dan el tratamiento de «señoría», quizá con la intención de que se les conceda una pequeña parte de la riqueza mal adquirida. Bueno, y esos Pitagóricos que ves, que defienden ardorosamente la teoría de la comunidad de bienes pero que, si por casualidad, encuentran algo de valor al alcance de su mano, se lo llevan con la misma naturalidad con que lo harían con una herencia que les ha caído en suerte. Muchos son los que tienen tal ansia de tesoros que se consideran felices sólo con la alegría que les produce soñar con ellos. Y no son pocos los que sienten una satisfacción enorme gastándose generosamente el dinero con los amigos, mientras en su hogar se mueren de hambre. Uno se afana en gastar todo lo que tiene y el otro sigue amontonando cuanto puede, con buenas o con malas artes. Uno aspira a los cargos públicos, pero otro mortal semejante lo que hace es cifrar todas sus aspiraciones en sentarse junto al fogón. Muchos se meten en interminables pleitos, en los cuales los dos contendientes luchan sin cuartel para acabar enriqueciendo a un juez experto en dilaciones y a un abogado que se entiende con la parte contraria. Éste está dispuesto a renovarlo todo, aquel sólo se deja llevar por lo extraordinario. Los hay que emprenden peregrinación a Jerusalén, a Roma o a Sant Yago, donde, por cierto, nada se les ha perdido, eso sí, dejando en el hogar a la mujer y a los hijos casi abandonados. En resumen, si como antaño Menipo, pudieras ver desde la luna el ir y venir inacabable de los hombres, tendrías la sensación de estar contemplando una nube de moscas y mosquitos riñendo entre sí, peleándose, tendiéndose trampas, burlándose unos de los otros, disfrutando, naciendo, enfermando y muriendo. Ah, pero no sois capaces de imaginaros las tragedias que se dan entre estos insignificantes animalillos que con tanta facilidad mueren. A veces, una guerra insignificante o el azote de una epidemia se bastan para arrebatar y aniquilar, en un momento, a millares de ellos.

Los maestros de la gramática

49.   Pero yo misma soy estultísima y muy merecedora de que Demócrito se ría de mí a mandíbula batiente cuando pretendo enu-

merar las formas que, en la gente de a pie, toman la estulticia y la locura. Por tanto, vaya ocuparme nada más de los que gozan de la reputación de sabios y que, de acuerdo con la frase vulgar, han alcanzado el dorado ramo, y entre los cuales ocupan el primer lugar los maestros de gramática, raza que sería, sin duda, la más desgraciada, la más afligida, la abandonada por excelencia de la mano de los dioses, si yo, compadecida por las desgracias de tan miserable profesión, no mitigase sus desdichas con cierto tipo de locura. Sobre ellos no sólo han caído las cinco «furias», es decir, las cinco «maldiciones» de que habla el epigrama Griego, sino seiscientas, de suerte que se les ve siempre famélicos y mugrientos en las escuelas (he dicho en las escuelas, pero sería mejor decir en sus cubículos o incluso letrinas o ergástulos), en medio de los rebaños de los niños que los envejecen con tantas tensiones, aturdidos con tantos gritos, consumidos por los malos olores, aunque, gracias a mi ayuda, se consideran siempre los primeros entre todos los mortales. Y hay que ver cómo se hinchan cuando la asustada chiquillería tiembla al ver su rostro desencajado y al oír sus gritos; cuando con la palmeta o con la larga vara, las vergas y las correas abren la carne a los menguados y cuando, de acuerdo con su capricho, los hacen víctimas de sus sevicias, imitando al asno de Cumas. La mugre que los cerca les parece, entonces, lujo asiático; huelen con fruicción la inmunda porquería y su miserable esclavitud se les antoja un reino, hasta el punto de que no cambiarían su tiránico poder por los reinos de Falaris o de Dionisio. Son mucho más dichosos todavía cuando creen haber descubierto en el arte que cultivan algo nuevo, porque aunque no sepan hacer otra cosa que no sea llenar de lugares comunes la inteligencia de los niños, con todo, ¡dioses bondadosos!, ¿quién no tendrá por menguado a Palemón e incluso a Donato si se comparan con ellos? Y no sé de qué mágica artimaña se sirven para que las tontorronas y pobretonas de las madres y los padres, no menos ignorantes, sigan reconociéndoles los méritos de los que ellos presumen.

Hay que unir a estos reconocimientos el que reciben cuando en algún documento apolillado dan con, por ejemplo, el nombre de la madre de Anquises, o topan con alguna palabreja desconocida por el vulgo, como *bubsequa, bovinator* o *manticulator*[77], y no digamos si encuentran alguna piedra antigua, en la que se pueda leer una mutilada y apenas legible inscripción: ¡Oh, Júpiter, qué transportes de gozo entonces, qué éxito, qué exaltación... si parece que hubieran conquistado África o tomado Babilonia! Pues, no digo nada cuando recitan sus versos desmayados y sin gracia, —que, no obstante, nunca falta alguien que los elogie—, que hasta creen de buena fe que el aliento de Marón[78] ha emigrado a su pecho. Pero nada tan divertido como ver a una pareja de esos desgraciados prodigándose mutuas alabanzas, es decir, rascándose mutuamente. Aunque, cuidado si alguno de los dos comete una imprecisión a la hora de utilizar una palabra en vez de otra, y el otro tiene la suerte de advertirlo, porque, ¿sabes, ¡por Hércules!, las trifulcas que se organizan, de qué manera se insultan y los denuestos que se cruzan? ¡Y que me falte el favor de los gramáticos si exagero en nada! Conozco a un hombre que sabe de todo, eminencia en griego, latín, matemáticas, filosofía, medicina, en nada superable, que, ya sexagenario, arrinconó todos los demás libros para dedicarse exclusivamente a la gramática, en cuyo análisis y estudio se devanó los sesos durante más de veinte años de una manera obsesiva, y decía que sería completamente feliz si le fuera dado vivir el tiempo estrictamente necesario para aclarar la manera de distinguir las ocho partes de la oración, asunto en el que hasta ahora, a su juicio, ni los Griegos ni los Latinos habían hecho nada que valiera la pena.

Estos tipos pretenden que es *casus belli* confundir una conjunción con un adverbio. No es extraño, pues, que existan tantas gramáticas como gramáticos, mejor dicho, más gramáticas que gramáticos —sólo mi querido Aldo[79] ha publicado cinco distintas— y que las repasen y analicen una a una, por espantosamente mal que estén escritas, para no

---

[77]   Boyero, embustero, chorizo... en traducción más o menos aproximada, de acuerdo con la formación etimológica de las palabras.

   Recapitulando alusiones anteriores: «las cinco furias» son las cinco maldiciones que se recogen en los primeros versos de la *Ilíada*. El «asno de Cumas» es el de la conocida fábula de Esopo del asno revestido con piel de león. Falaris o Dionisio: dos tiranos, de Agrigento el primero, de Siracusa Dionisio (siglo VI a. C.), Palemón fue un famoso gramático romano, primer tratadista. Donato fue retórico en el siglo IV d. C. y modelo de retórica durante toda la Edad Media.

[78]   Virgilio. Quintiliano es el maestro hispano de la retórica latina (siglo I d. C.), autor de la Instituto Oratoria.

[79]   Aldo Manucio, el famoso impresor veneciano con el que Erasmo trabajó durante algún tiempo, editor de algunas de sus obras.

tener que envidiar ni que temer a nadie que se dedique a estas especulaciones, aunque se trate del más grande mentecato que podáis imaginaros, para no verse, en suma, pillados, no vayan a echarse a perder tantos años de trabajo. ¿Queréis que llame a esto locura o estulticia? Me da igual que se llame de una u otra manera. En cualquier caso, no vais a tener más remedio que reconocer que, sólo gracias a mi ayuda, un personaje mucho más infeliz que todos los demás puede llegar a creerse tan dichoso que no ambicione cambiar su suerte por la de los soberanos de Persia.

Los poetas, los retóricos y los autores de libros

50.   No me deben tanto los poetas, porque, aunque, por definición, se encuentran en mi bando, son, como dicen por ahí, una raza independiente y sus afanes no tienen más objetivo que el de regalar los oídos de los estultos con frivolidades y cuentecillos sin sustancia. Pero es tanta la felicidad que sienten por conocerse a sí mismos que están seguros de alcanzar la inmortalidad con sus admirables poemas y de conseguir un destino semejante al de los dioses. Por supuesto, también prometen semejante felicidad a los demás, son los que más devoción sienten por Filautía (amor propio) y por Colaquía (la adulación) y no hay nadie que se rinda a sí mismo culto tan delicado ni más perseverante.

Y los retóricos, aunque alguno de ellos sea un prevaricador, pues trata de acercarse a los filósofos, la verdad es que están en esta misma grey por muchas razones, pero, sobre todo, por una muy principal. Y es que, de tantas tonterías como, con tan gran devoción, se han escrito, la más importante, en lo que se refiere al género cómico, es un tratado de retórica de no sé quien, dedicado a Herenio, en el que, curiosamente, se incluye la estulticia entre los géneros de chanzas. E incluso Quintiliano, que es máxima autoridad en la materia, escribió un capítulo acerca de la risa, mucho más extenso que la *Ilíada,* —tanta importancia dan a la estulticia— porque frecuentemente la risa destroza en un instante un razonamiento que ninguna argumetación había podido desbaratar antes. Así que no me vengáis diciendo que el arte de decir con gracia y de provocar la carcajada no pertenece por derecho propio a la estulticia.

De la misma pasta son los que pretenden alcanzar fama imperecedera publicando libros. Todos ellos me deben mucho, especialmente aquellos que embadurnan el papel con majaderías en estado puro. Los eruditos que escriben para una élite ilustrada, que no rechazarían el examen de Persio y de Lelio, más que felices me parecen dignos de lástima, pues que se están atormentando siempre: añaden, modifican, suprimen, vuelven a escribir lo que habían tachado, repiten, rehacen, precisan, guardan el manuscrito «los nueve años», y ni siquiera entonces están satisfechos del todo, porque la vacía recompensa de merecer las alabanzas de unos cuantos se compra a fuerza de vigilias, con grave mutilación del tiempo de sueño, regalo más dulce que cualquier otra cosa, y con graves fatigas y martirios. Añade a todo ello el deterioro de la salud, la ruina del cuerpo, el cansancio de la vista e incluso la ceguera, la pobreza, las rivalidades de la profesión, la ausencia de placeres, la vejez anticipada, la muerte prematura y otras previsiones por el estilo. Todas esas desgracias el sabio las cree compensadas si consigue la aquiescencia de cualquier mindundi como él. En cambio, el escritor que me guarda fidelidad, cuanto más extravagante, más feliz, pues, sin necesidad de pasar las noches en vigilia, todo lo que la inspiración le sugiere y todo lo que, soñado, llega al punto de su pluma, todo eso lo plasma enseguida por escrito, con sólo un pequeño gasto de papel, y sabe, además, que en el futuro aquel que mayores barbaridades haya escrito será el preferido de los demás, es decir, de los ignorantes y de los estultos. ¿Y qué le importa que lo desprecien tres o cuatro sabios, si llegan a leerlo? ¿Qué importancia tiene el criterio de esos sabios si hay una muchedumbre que lo considera?

Son mucho más listos los que editan cosas ajenas como si fueran suyas: al tiempo que se apropian de buena parte del trabajo, de la gloria y hasta de las palabras de otros, y aunque no sean tan confiados que no piensen que poco antes o poco después se va a descubrir el fraude, ellos, durante cierto tiempo se están lucrando con el interés del préstamo. Hay que ver lo satisfechos que van, y lo huecos que se ponen cuando son alabados por la gente, cuando se los señala con el dedo en público y se los contempla con curiosidad y admiración, cuando las obras salen a la venta en la librerías y cuando en las portadas de los libros aciertan a fijar unos títulos extraordinarios que parecen cosa de magia. Pero que, en el fondo, ¡dioses inmortales!, ¿qué son sino meras palabras? Ciertamente, si miras la extensión del mundo, advertirás qué pocos los conocen; menos, aún, podrán alabarlos, ya que también entre los imbéciles hay diversidad de pareceres. ¿Y qué, cuando, no pocas veces, esos títulos imitan o han sido tomados de otros libros antiguos? A uno le place poner al suyo «Telémaco», el otro, «Estaleno» o «Laertes»; aquel, «Policrates» y el de más allá, «Trasímaco», que ninguna referencia tiene con ellos, lo mismo que si le hubieran puesto «Camaleón» o «Calabaza», o, tal vez, como suelen decir los filósofos, podían haber titulado el libro *Alfa* o *Beta*. Y es cosa graciosísima, también, ver cómo los estultos y los necios, por medio de cartas, de poesías y de ditirambos, se elogian unos a otros, los estultos a los estultos, los necios a los necios. Uno tiene a otro por superior a Alceo; el otro asegura que el uno es mucho más que Calímaco; éste deja en mantillas a Marco Tulio, aquel es más entendido que Platón. Bueno, los hay que hasta se buscan un antagonista, con cuya oposición medran en su fama. De esa manera «el vulgo dubitativo se divide en opiniones encontradas»[80], hasta que uno y otro paladín, dando por bien reñida la batalla, se retiran cada cual por su lado cantando victoria y adjudicándose los laureles del triunfo. Los sabios se ríen de estas cosas porque, en efecto, son tontísimas. ¿Lo niega alguien? Pero, mientras, gracias a mi favor, les hago tan feliz la existencia que no cambiarían sus éxitos por los de los Escipiones.

En cuanto a los sabios citados, que con tantas ganas se ríen de las locuras ajenas, tampoco ellos me deben poco, y ellos mismos tendrán que reconocerlo si no quieren ser los más ingratos de todos.

Los jurisconsultos y los dialécticos

51. Los jurisconsultos reclaman la primacía entre toda la gente culta y la verdad es que nadie se muestra más satisfecho de sí mismo cuando, a la manera de nuevos Sísifos, suben perpetuamente la roca tratando de ordenar en su cabeza más de seiscientas leyes, sin impor-

---

[80] VIRGILIO, en la *Eneida,* II,39.

Persio y Lelio, tomados de Cicerón, representan a los sabios. Los «nueve años» de custodia del manuscrito son los que recomienda de descanso Horacio para cualquier obra literaria, antes de pretender divulgarla, en su famosa *Epístola ad Pisones.* Telémaco es el hijo de Ulises. Estaleno es, en la *Ilíada,* compañero de Diomedes. Policrates y Trasímaco son filósofos sofistas y Alceo y Calímaco representan a los poetas líricos griegos.

tarles un rábano que sean o no las adecuadas para cada caso, amontonando glosa tras glosa, opinión tras opinión, a fin de que todos vean que sus estudios son los más difíciles de todos. De esta manera se trata de demostrar que lo más penoso coincide, además, con lo mejor.

Añadamos a éstos los dialécticos y los sofistas, hombres de una gran locuacidad, que allí donde quiera que estén meten más bulla que los bronces de Dodona, pues uno solo de ellos podría competir en garrulería con veinte arrabaleras elegidas, aunque les iría mejor si a la locuacidad no añadieran su temperamento de camorristas, pues son capaces de llegar a las manos por cualquier tontería y arman trifulcas increíbles, aunque las más de las veces, a fuerza de porfiar, pierden hasta el hilo del argumento que les daba la razón. Sin embargo, su Filautía también los hace felices y, armados con dos o tres silogismos, no dudan, se atreven a hablar de lo divino y lo humano y no se arredran en la discusión ante nadie. Además, su propia cabezonería los hace invencibles, aunque les pongas delante al mismo Estentor[81].

Los filósofos

52.   Llegan después de éstos los filósofos, hombres de barba y capa veneranda, que dicen ser los únicos que saben de verdad, y que ven al resto de los mortales como sombras oscilantes. ¡Cómo deliran dulcemente cuando recomponen los mundos a su arbitrio, cuando miden con pulgadas y guitas el sol, la luna, las estrellas, los orbes todos, cuando, sin una pizca de vacilación, explican las causas del rayo, de los vientos, de los eclipses y de todos los demás fenómenos inexplicables, como si se encontraran en el secreto de la Naturaleza, artífice del universo, o como si hubieran venido a la tierra de parte del consejo de los dioses! Resulta ocioso decir que la Naturaleza se ríe a carcajadas de sus conjeturas. Nada saben con seguridad, como demuestran las sonadas polémicas que tienen entre ellos acerca de aquellas cosas cuyas causas desconocemos. Pero aunque es verdad que no saben

---

[81]   Sísifo fue condenado a subir eternamente una roca a la cima de una montaña. Los bronces de Dodona eran ollas de bronce que los sacerdotes de Dodona tenían colgadas de las ramas de los árboles; con el viento, chocaban y sonaban; los sacerdotes interpretaban los «tañidos». Estentor era un pregonero griego, cuya voz superaba a la de cincuenta hombres formando coro. De ahí «estentóreo». Lo cuenta la *Ilíada*, V,785.

una palabra de nada, ello no es obstáculo para que presuman de que lo saben todo; tampoco el hecho de no conocerse a sí mismos y de que no se den cuenta del precipicio en el que pueden caer o la piedra en la que pueden tropezar, bien porque andan ya medio ciegos o bien porque tienen la cabeza a pájaros, les impide sentirse ufanos porque aseguran que perciben las ideas, las universales, las formas abstractas, las *quidditates*, las *ecceidades*, las formalidades, conceptos tan de suyo sutiles que, a mi entender, ni el mismísimo Linceo sería capaz de percibirlos claramente[82].

Sienten por el vulgo ajeno a sus preocupaciones un desdén absoluto, sólo porque han aprendido a trazar unos cuantos triángulos, cuadrados, círculos y demás figuras matemáticas, inscritas unas en otras y enrevesadas a modo de laberinto, y, por si fuera poco, también saben escribir unas letras formadas como un ejército, cuya colocación, muchas veces repetida, deslumbra a los ignorantes. Y no faltan entre ellos algunos que predicen el porvenir a través de la consulta de los astros, y hasta prometen milagros más allá de la simple magia; siempre encontrarán papanatas que se traguen sus trapacerías.

Los teólogos

53.   Es posible que lo más conveniente fuera pasar por alto a los teólogos, «por no agitar la charca ni tocar esa hierba apestosa», pues mejor sería *no meneallo*, no vaya a ser que ese género de hombres, en tan alto grado severo e irascible, caiga sobre mí con un pelotón de conclusiones que me obliguen a cantar la palinodia, que, caso de que se los recuse, pondrán el grito en el cielo tachándome de hereje. Pues no de otra manera suelen partir sus rayos a quienes les son poco afines.

No hay otros, sin duda, que de peor talante se avengan a reconocer mis favores, por más que debieran estarme agradecidos y no precisamente por pequeñas razones, pues felices como son con su amor propio, puede decirse que moran en el tercer cielo y que desde esa altura desprecian y hasta compadecen al resto de los mortales como a una

---

[82]   También en *Utopía* arremete Moro contra los escolásticos, en línea con su amigo Erasmo. El término *quiddidades* es derivado del *quid*, el «qué» y se refiere a la esencia de los entes reales o posibles. «Ecceidades» es término de la escuela de *Duns Scoto* y se refiere a la naturaleza concreta e individualizada de los seres.

chusma de seres miserables que se arrastran por el suelo, ya que ellos se encuentran escudados en sus magistrales definiciones, sus conclusiones, sus corolarios, sus proposiciones explícitas e implícitas, y tan bien provistos de refugio que no se enredarán ni siquiera en las redes de Vulcano, pues de ellas se escurrirían a fuerza de distingos o cortarían sus mallas con más facilidad que con el cuchillo de doble filo de Ténedos, pues tan bien provistos están de neologismos y de palabras esotéricas. Para colmo, explican a su antojo los más escondidos misterios, por ejemplo, por qué razón fue creado y ordenado el mundo. Por qué vías ha venido el rastro de aquel pecado hasta la posteridad; de qué modo, hasta qué punto y por cuánto tiempo estuvo Cristo en el seno de la Virgen, de qué manera subsisten en la Eucaristía los accidentes del pan y el vino sin la sustancia.

Pero, todo esto ya es conocidísimo y hay problemas mucho más elevados y que se consideran más a propósito para los teólogos «iluminados», como ellos se llaman, y que cuando salen a relucir los ponen en un puro alboroto. ¿Tal vez existe el instante en la generación de Dios?¿Hay varias filiaciones en Cristo? ¿Es admisible la proposición: Dios Padre odia al hijo? ¿Podría haber tomado Dios la forma de mujer, de demonio, de asno, de guijarro o de calabaza? En este último caso, ¿cómo hubiera podido predicar, hacer milagros y ser colgado en la cruz? ¿Qué hubiera consagrado san Pedro, si lo hubiera hecho durante aquel tiempo en que el cuerpo de Cristo pendía de la cruz? Durante ese mismo tiempo, sin embargo, a Cristo se le podía llamar hombre; ¿y después de la resurrección de la carne —tan preocupados están ya ahora de su hambre y sed futuras— se beberá y se comerá?

Innumerables son los alardes de sutileza de este jaez, aunque todavía los hay más sutiles, acerca de las ideas, de las relaciones, de las formalidades, de las *quidditates, ecceidades,* inaccesibles a los ojos de los humanos y que sólo podrían visualizar los de Linceo, que penetraban las más densas tinieblas, algo que ya no se da. Unid a todo ello aquellas máximas, tan paradójicas que las sentencias de los Estoicos —que llaman precisamente paradojas— parecen, a su lado, vulgares juegos de palabras, propios de charlatanes: pongamos por caso, que es más leve delito degollar a mil hombres que coser en domingo los zapatos de un pobre, o, mejor aún, que es preferible dejar que se hunda el universo, alimento y ajuar incluidos —como se dice vulgarmente— a decir una sola mentira por leve que sea.

Pero estas finísimas sutilezas las hacen archisutiles las distintas tribus escolásticas, pues seguro que antes se sale de un laberinto que de esa selva de «Realistas», «Nomninalistas», «Tomistas», «Albertistas», «Occamistas», «Scotistas», y demás, que no he hecho más que nombrar los grupos más importantes[83], Todos ellos ofrecen doctrinas tan profundas y tan difíciles de interpretar, que los mismísimos Apóstoles que volvieran se verían en la necesidad de un nuevo soplo del espíritu, si tuvieran que discutir hoy sobre esos temas con esta clase de teólogos.

Pablo dio fe de ello cuando dijo: «La fe es la sustancia de lo que esperamos, argumento de lo que no vemos», pero su definición no es precisamente magistral. De la misma manera, aunque prestigió muy mucho la caridad, tampoco fue más dialéctico en su primera carta a los Corintios, capítulo trece, cuando divide, vuelve a dividir y remata la definición.

Aquellos que con gran piedad consagraban la eucaristía, preguntados acerca del término *a quo* o del término *ad quem;* qué es eso de la transubstanciación, cómo el mismo cuerpo puede estar en distintos lugares a la vez, o la diferencia que se puede establecer respecto al cuerpo de Cristo, según se le considere en el cielo, cuando estaba en la cruz o en las especies sacramentales; en qué punto se produce la transubstanciación, pues la oración que la desencadena está compuesta de palabras que se suceden unas a otras..., creo yo que aquellos no hubieran sido capaces de responder con agudeza semejante a la empleada por los Scotistas cuando disertan y definen estas finezas.

Habían conocido a la madre de Jesús, pero ¿cuál de ellos habría demostrado tan filosóficamente como nuestros teólogos de qué manera fue preservada de la mancha de Adán? Pedro recibió las llaves y las recibió de manos de aquel que no las habría confiado a alguien indigno, pero, sin embargo, yo no sé si acabaría de entenderlo porque igno-

---

[83] Denominaciones de las distintas facciones filosóficas de la Escolástica, nacidas todas ellas del apellido del maestro que las encabeza: santo Tomás de Aquino (Tomistas), san Alberto Magno (Albertistas), Guillermo de Occam/Ockham (Occamistas) y Duns Scoto (Scotistas). Nominalistas eran los que defendían que los conceptos «universales» eran meros *flatus vocis* (sonidos) y no representaban ninguna entidad real. Lo contrario de los realistas, por supuesto, que aseguraban que los conceptos «universales» existían *realiter,* realmente.

ro si se le ocurriría pensar —demasiada sutileza— en cómo las llaves de la ciencia pueden ir a parar a manos de quien de ciencia carece.

Bautizaban por todas partes pero nunca dijeron nada acerca de las causas formales, materiales, eficientes y finales del bautismo; ni hicieron mención alguna de sus caracteres delebles e indelebles. Lo adoraban, es indiscutible, pero en espíritu y sin más norma que seguir que aquella del evangelio: «Dios es espíritu y quienes lo adoran deben hacerlo en espíritu y verdad». En ningún lugar se dice que les fuese revelado que había que adorar antes a una figurilla pintada con carbón en la pared que al mismo Cristo, con tal que la representación tenga dos dedos extendidos, larga melena y una aureola con tres rayos que salen de la nuca. ¿Quién habría de comprender una sola palabra de estas cosas si no se ha pasado treinta y seis años metido con los físicos y los metafísicos de Aristóteles y de los Scotistas? Los Apóstoles hablaron reiteradamente de la gracia; pero nunca establecieron la diferencia entre gracia *gratis data* y la gracia «gratificante». Exhortan a las buenas obras, pero no hicieron distinción alguna entre la «obra operante» y la «obra operada».

Por doquier predican la caridad, pero no la clasifican en «infusa» y «adquirida», ni se meten a averiguar si de trata de «accidente» o de «sustancia», si es cosa creada o increada. Detestan el pecado, y que me muera si hubieran podido definir científicamente qué es eso a lo que llamamos pecado, a no ser que hubiera acudido en su ayuda el numen de los scotistas. Ni siquiera estoy seguro de que se pueda aducir, hablando de Pablo, —que puede servirnos de modelo cultural para los demás—, que fuera a condenar todas estas cuestiones, controversias, genealogías y logomaquias, como él mismo las llama, si hubiera sido hombre versado en dichos asuntos, pues las discusiones y disputas de su tiempo eran vulgares y hasta zafias, comparadas con las de nuestros maestros, más sutiles que el mismo Crisipo.

Pero, por otra parte, son los teólogos personas muy liberales cuando se enfrentan a algo que sí ha sido tratado por los Apóstoles, bien es verdad que toscamente y sin gran brillantez; no lo rechazan sino que lo interpretan benévolamente. Y le otorgan ese honor en razón, por una parte, de su antigüedad y, de otra, por respeto al nombre apostólico.

No sería justo exigirles a ellos algo que no oyeron nunca en boca de sus propios maestros. Y si advierten que sucede lo mismo, que no aparece ni en Crisóstomo, ni en Basilio, ni en Jerónimo, entonces ya pueden apostillar al margen del tema: *Non tenetur,* no procede. Ellos, los Apóstoles, refutaron igualmente a los filósofos paganos o Judíos, éstos de condición sumamente obcecada, pero lo hicieron más con el ejemplo de su vida y de los milagros que con silogismos, pues se dirigían a personas entre las cuales no habría seguramente nadie capaz de entender una sola de las proposiciones de Scoto. Hoy, en cambio, qué gentil o qué hereje no se derrumbará ante tan alambicadas exquisiteces, a no ser que sea tan ignorante que no pueda entenderlas, o tan desvergonzado que se dedique a silbarlas o tan avezado en esgrima que pueda competir con espadas iguales, casi mago contra mago, diestro contra diestro. En el fondo, se trataría de tejer y destejer la tela de Penélope.

Por eso, a mi entender, harían bien los cristianos, y con cordura, si, en vez de mandar contra turcos y sarracenos a esas formaciones de soldados, con las que desde hace tantos años los combaten con desigual fortuna, enviaran a los alborotadores scotistas, a los insobornables occamistas, a los invencibles albertistas y, en fin, a toda la turbamulta de los sofistas, pues así podríamos presenciar la más donosa batalla que nunca nadie imaginó y una nunca vista victoria. ¿Quién sería tan frío que no fuera inflamado por sus punzadas? ¿Quién tan imbécil que no lo animaran sus agudezas? ¿Quién tan sagaz que no fueran a ofuscarlo sus densísimas oscuridades?

Tengo la impresión de que pensáis que estoy diciendo todo esto en broma, y no sería cosa de extrañeza, pues entre los mismos teólogos hay algunos más versados en la ciencia a quienes estas frívolas argucias teológicas —así las consideran— les dan náuseas. También los hay que juzgan muy impío y execran, como sacrilegio, que se hable de estas materias, más para ser adoradas que explicadas, de manera tan irreverente, que se discuta con argumentos tan profanos, se defina con tanta prepotencia y se ensucie la majestad de la divina teología con tan insulsas, mejor dicho, con tan impuras palabras y sentencias.

Pero eso no quita para que semejante tarea les resulte sobremanera deleitosa, incluso, hablando con mayor propiedad, para que la juzguen digna de todo mérito, hasta el punto de que, ocupados día y noche con sus memeces, tan distraídas, no les queda ni un momento para echar un vistazo al Evangelio o a las epístolas Paulinas, ni a los demás sagrados textos.

Porque, mientras pierden su tiempo en las tertulias en semejantes idioteces, están convencidos de que ellos son las columnas de la Iglesia, cuya construcción, a no ser por ellos, se vendría abajo, así como de que sus silogismos son los puntales que sostienen dicho edificio, del mismo modo que los hombros de Atlas sostienen el mundo, según los poetas. Fácilmente podréis entender cuán grande es la satisfacción que experimentan cuando interpretan y modifican a su arbitrio los pasajes más difíciles de la Escritura, para ellos blandos como la cera, cuando pretenden que sus conclusiones, apoyadas con la opinión de algún otro de su misma ralea, sean tenidas por superiores a las leyes de Solón y preferidas a los decretos pontificios, y cuando, como si fueran los censores del mundo, fuerzan a retractarse a cuantos no comulgan incondicionalmente con sus proposiciones explícitas o implícitas o no dicen simplemente amén cuando, cual oráculos, proclaman: «Esa afirmación es escandalosa», «esa otra es poco reverente», «aquella huele a herejía», «aquella otra es malsonante»; hemos llegado a unos límites en los que ni el bautismo, ni el evangelio, ni Pablo ni Pedro, ni Jerónimo o Agustín, ni siquiera Tomás, el aristotélico por excelencia, bastan para dar doctrina a un cristiano si no cuenta con el visto bueno de los bachilleres. ¡Tanta es la sutilidad de sus juicios!

¿Quién sospecharía, si estas lumbreras no se lo enseñasen, que deja de ser cristiano quien piense que da lo mismo decir «orinal, apestas» que «el orinal apesta», o «el hervir de la olla» o «hervir la olla»? ¿Quiénes liberarán a la Iglesia de las espesas tinieblas del error, del que ni siquiera se percatarían si ellos no lo hubieran señalado y sellado con la impronta de sus escuelas? ¿Y no describen, además, los teólogos con tanto detalle todo lo que tiene que ver con el infierno que no parece sino que han vivido durante largos años en aquellos parajes? Y no satisfechos con ello, pintan a su arbitrio los mundos ultraterrenos, sin olvidarse de ponderar la enorme amplitud y la sin par hermosura del paraíso, no vaya a ser que puedan creer algunos que no va a haber sitio para que las almas elegidas se paseen a gusto, celebren sus banquetes e incluso puedan jugar a la pelota. En fin, tan saturadas de tonterías están las cabezas de estos hombres que mucho me temo que no lo estaba más la de Júpiter cuando, al ir a dar a luz a Minerva, pidió a gritos el hacha de Vulcano. No debéis sorprenderos, por tanto, cuando en los concursos públicos veáis sus cráneos tan cuidadosa y firmemente protegidos por el birrete; de no ser así, podían estallarles.

Yo misma suelo reírme de ellos alguna que otra vez al observar que sólo se tienen por teólogos consumados cuando logran hablar lo más duro y brutalmente que les es posible, cuando se expresan con tal oscuridad que nadie, a no ser los de su camada, son capaces de entenderlos; y cuando consideran singular agudeza todo aquello que el pueblo llano no entiende, pues dicen que sería indigno de las Sagradas Escrituras someterse a las normas de la gramática. Admirable cualidad de los teólogos si sólo a ellos les fuera dado hablar incorrectamente y no compartieran tal privilegio con muchos remendones.

Por último, les queda apenas nada para confundirse con los dioses y ser iguales a ellos cada vez que se les saluda y, casi religiosamente, se hace con las palabras *Magistri nostri,* que equivale, en su caso, al *tetragrammaton* de los judíos o incluso al nombre de Jehová, razón por la cual considerarían un delito no escribir MAGISTER NOSTER con mayúsculas. Incluso si, invirtiendo el orden de las palabras, alguien dijese *Noster Magister,* sería suficiente para que, sólo por eso, considerasen pervertida toda la majestad del nombre de teólogo.

Los frailes

54.   Muy parecida a la felicidad que otorga la condición de teólogo es la de aquellos otros que se dan a sí mismos la denominación de religiosos o monjes, denominación extremadamente impropia, pues muchos de ellos están lejísimos de la religión y difícilmente se encuentra a nadie en más sitios que a ellos, como para llamarlos monjes. No me imagino quién pudiera ser más miserable que ellos a no ser por mi ayuda que les prodigo de mil maneras distintas. Aunque la gente los detesta de tal manera que cuando se los encuentra en la calle cree a pie juntillas que es señal de mal agüero, ellos, sin embargo, se encuentran muy satisfechos de sí mismos. En primer lugar suponen que es signo de máxima devoción no tener idea de nada, hasta el punto de ni siquiera saber leer. Después, cuando cantan en la iglesia los salmos, que dicen pero no entienden, y lo hacen atronando con esas voces de jumento, están convencidos de que están halagando los oídos de los dioses celestiales. Algunos entre ellos hay que hacen alarde de pobre-

za y miseria, y van pidiendo a voz en grito el pan, de puerta en puerta, sin dejar hostal, carruaje o barco que no asalten, con no poco perjuicio de los demás mendigos. Pero como, a su manera, son hombres de extrema llaneza, pretenden ofrecernos una imagen de los Apóstoles que tiene su desaliño, su vulgaridad y su despreocupación.

¡Qué cosa más divertida que ver cómo lo hacen todo de acuerdo con determinados preceptos, como si sus actos estuvieran sujetos a reglas matemáticas, olvidar alguna de las cuales supondría un sacrilegio! Ellos mismos han decidido el número de nudos que hay que dar al cordón del zapato, el color de cada uno de los hábitos, la diversidad de ropas que vestirán, el material y la longitud del cíngulo, la forma y las dimensiones de la cogulla, los dedos de largo que tendrá el flequillo, cuántas horas habrán de dormir. Pero, dentro de semejante uniformidad, ¿quién no entiende las muchas diferencias que debe haber, siendo tan diversos como son los cuerpos y los ingenios? A pesar de semejantes tonterías, no sólo están convencidos de que los demás son unos chiquilicuatro, sino que, además, discuten entre ellos, pues estos individuos, que dicen practicar la caridad apostólica, si ven en otro de su orden un cinturón distinto al suyo o un hábito de un color un poco más oscuro de lo que es usual en ellos, arman cada trifulca que se organiza la tragedia. Hay algunos tan rígidamente religiosos que nunca llevan sus ropas exteriores de otra tela que no sea de Cilicia[84], aunque la interior sea de finísima tela de Milesia; otros, por el contrario, van por fuera vestidos de lino y por dentro de lana. Finalmente, otros huyen del contacto del dinero como si se tratara de una hierba venenosa, pero no escapan ni del vino ni del contacto con las mujeres. En suma, que lo que buscan es no hacer nada que se parezca a lo que se hace habitualmente. Su preocupación constante no es parecerse a Cristo sino no parecerse entre sí, Por eso, buena parte de su felicidad consiste en llevar apelativos distintos, y mientras unos disfrutan llamándose «del cordoncillo», y entre ellos hay «(re)Coletos», «Menores», «Mínimos», y «Conventuales», otros prefieren denominarse Benedictinos, Bemardinos, Brigidenses, Agustinianos, Guillermitas, Jacobitas, como si les pareciera poco llamarse Cristianos.

---

[84] Cilicina era una tela áspera, hecha de pelo de cabra, y toma su nombre de la Cilicia. De ahí procede, también, el nombre de «cilicio», primero manta de cerdas que se usaba en la milicia y después instrumento, también de cerdas o de púas de alambre, que usaban los penitentes para mortificarse, enrollados a la pantorrilla, al muslo o incluso al torso. En cambio, la milesia es tela fina de la Jonia, que toma nombre de su capital, Mileto o Melaso.

Una buena parte de ellos concede tanta importancia a sus hábitos y prácticas que se diría que consideran que un paraíso único no es bastante recompensa para tantos méritos, sin pensar ni por casualidad que Cristo despreciará en la otra vida todas esas futilidades, para exigir sólo que se haya cumplido su precepto por antonomasia, es decir, el del amor. Entonces, uno presentará su barriga llena de toda clase de pescados; otro, cien cargas de salmos; aquel explicará sus miles de ayunos y querrá hacer ver que tiene el estómago destrozado por no haber hecho más que una sola comida al día; otro sacará a relucir una enorme riqueza de ceremonias, con las cuales sin duda se podrían fletar siete naves o casi; otro presumirá de que en sesenta años no tocó un cobre, como no fuera con las manos doblemente enguantadas; aquel otro llevará la cogulla tan cutre y llena de grasa que ni un marinero la consideraría digna de su cuerpo; otro recordará que durante más de once lustros hizo vida de esponja, sin menearse del mismo sitio; otro mostrará su ronquera crónica, de tanto cantar la alabanzas del Señor; otro, la letargia contraída a causa de tanta soledad; otro, la torpeza de su lengua, a causa del freno del silencio.

Y Cristo, viendo que no van a terminar de hacer tanta ostentación de sus merecimientos, los va a interrumpir diciendo: «¿De dónde sale esta nueva raza de Judíos? Sólo reconozco como mío un mandamiento, del que, precisamente, nada he escuchado. Muy claramente y sin velo alguno de parábola prometí la herencia de mi Padre, pero no a las cogullas ni a los votos, no a las abstinencias sino a las obras de caridad. No reconozco a hombres que tan prendados están de sus obras, esos que quieren aparecer como más santos que yo mismo. Que se vayan, si quieren, a poblar los trescientos sesenta y cinco cielos abraxianos[85] o que pidan que se les haga uno especial para ellos solos, pues dieron más importancia a sus hábitos y costumbres que a mis preceptos».

Cuando escuchen eso y vean que los galeotes y los arrieros son preferidos a ellos mismos, ¿con qué caras, decidme, se van a mirar los unos a los otros? Pero, mientras tanto, y no sin mi ayuda, son felices con su esperanza.

---

[85] Ver nota 60, página 108, de *Utopía*, de Tomás Moro, en la edición de la *Biblioteca Leyes y Letras*. Según el gnóstico alejandrino Basílides, son 365 las esferas del cielo, tantas como días del año. Otros detalles, en la nota citada.

Aunque es cierto que viven lejos del mundo, no hay nadie, sin embargo, que se atreva a molestarlos, especialmente si se trata de los mendicantes, pues por las confesiones que reciben están al tanto de todos los secretos. Ya saben que no les es lícito descubrir ninguno de ellos, pero a veces, después de empinar el codo, quieren pasar un rato contando anécdotas llenas de amenidad, pero aun entonces dicen las cosas de tal manera que apenas avanzan detalles, pero callando los nombres. Pero si alguien irrita a uno de esos moscones, entonces es capaz de vengarse bonitamente de él en el sermón, aludiéndolo tan arteramente con sus indirectas que sólo se quedaría *in albis* quien no sabe nada de nada. Y no dejaría de ladrarle hasta que, por lo menos, le tape la boca con un hueso.

¿Y qué cómico o qué sacamuelas callejero puede resultar más divertido que estos hombres cuando, en sus sermones, imitan a los retóricos de una manera completamente ridícula, pero divertidísima, cuidando seguir las reglas del arte que aquellos les enseñaron? ¡Por todos los dioses! ¡Y cómo gesticulan! ¡De qué manera más original cambian el tono de voz! ¡Cómo modulan! ¡Y cómo se pavonean! ¡Cómo vuelven los ojos de aquí para allá, de unos a otros, y qué gritos tan horrendos sueltan! En este modo de predicación inician los maestros a sus discípulos como si se tratara de una sucesión de misterios, y aunque no me sea dado conocer el detalle, voy a deciros lo que, por ciertos indicios, he podido deducir.

En primer lugar, empiezan haciendo una invocación, eso que pidieron prestado a los poetas; después, para el exordio, si de lo que van a hablar es de la caridad, toman pie del Nilo de Egipto; si se trata de los misterios de la Cruz, entonces encuentran feliz entrada por el recuerdo de Bel, famoso dragón de Babilonia; si van a hablar del ayuno, comienzan trayendo a colación los doce signos del Zodiaco; si de la fe, viene bien una larga introducción acerca de la cuadratura del círculo. Una vez escuché a un eximio estulto —perdón, quise decir a un docto—, que tenía que predicar sobre el misterio de la divina trinidad ante un público numeroso, y como tenía que demostrar que su ciencia no era de chichinabo, y al tiempo se sentía obligado a halagar el oído a los teólogos, tomó un sendero absolutamente novedoso y se dio a discurrir sobre las letras, acerca de las sílabas y las oraciones gramaticales; después, disertó acerca de la concordancia del sustantivo con el verbo; luego, sobre los adjetivos y los sustantivos, hasta el punto de que, prácticamente todos los oyentes estaban desorientados y algunos empezaron a susurrarse al oído aquel verso horaciano: «¿A dónde va a parar con tanta peste?». Al final pude llegar a la conclusión de que, según él, la imagen de la Trinidad está tan claramente impresa en las reglas de los gramáticos que ningún matemático, sirviéndose de sus signos, alcanzaría mayor evidencia. Y para hacer semejante sermón se pasó el architeólogo, sudando la gota gorda, nada menos que ocho meses, de tal manera trabajó que se encuentra hoy más ciego que un topo, sin duda porque toda su clarividencia se le subió a la cima de su entendimiento. Y, sin embargo, al hombre no lo entristece su ceguera, convencido como está de haber conquistado la gloria por un precio ciertamente pequeño.

Otra vez escuché también a un octogenario, teólogo para colmo, que se podía pensar que en él había renacido el mismísimo Scoto. Cuando quiso explicar el misterio que se esconde en el nombre de Jesús, argumentó, con admirable sutileza, que en las letras del nombre se encierra cuanto de Jesús puede decirse. En efecto, la palabra «Jesús», como no tiene más que tres desinencias en la declinación latina, indica claramente que es símbolo de la divina trinidad. La primera, que es «Jesús», termina en S; la segunda, «Jesum», en M, y la tercera, «Jesu», en U; y el misterio radica precisamente aquí. Porque, sin disputa alguna, las tres letras de las tres terminaciones indican que Jesús es lo Sumo, el Medio y lo Último. Pero aún queda lo mejor, aunque parezca más arcano que el cálculo matemático. «Jesús» se divide en dos partes iguales, y queda en medio la S, que es la letra hebrea que se pronuncia «sin»; creo que «Syn», en escocés, quiere decir «pecado»; queda claro, por tanto, que Jesús sería quien quita el pecado del mundo.

Tan espléndida deducción los dejó a todos con la boca abierta, sobre todo a los teólogos, a los que les faltó muy poco para quedar de piedra, como Níobe; pero en cambio, a mí me entró la risa y me sucedió un poco como a aquel Príapo de leño de higuera cuando contempló los sortilegios nocturnos de Canidia y Sagana. Y no sin motivo, que lo hubo, porque, ¿cuándo se ha visto tan fantástico exordio en boca del griego Demóstenes o del latino Cicerón? Tenían éstos por desgraciado cualquier proemio cuya materia fuera extraña al argumento del discurso; los mismos porqueros, sin más maestro que la propia naturaleza, lo entienden sin dificultad. Pero los doctos de hoy parecen pensar que sus «preámbulos» —así los llaman ahora— sólo serán dignos de las alabanzas de los retóricos más importantes cuando dejen de tener relación alguna con el resto del discurso o cuando el asombrado oyente no deje de murmurar: «¿A dónde irá a parar éste?».

En tercer lugar, si en la exposición se cita por casualidad algún pasaje del evangelio, lo comentan a toda velocidad, cuando lo cierto es que sólo de ello deberían ocuparse. En cuarto lugar, adoptando una nueva posición, sacan a relucir un tema teológico que, a veces, nada tiene que ver ni con el cielo ni con la tierra, cosa que, según parece, viene recomendada por las reglas del arte. Y, como a los teólogos les encanta escuchar los títulos rimbombantes de «doctores solemnes», «doctores sutiles», «doctores sutilísimos», «doctores seráficos», «doctores querubínicos», «doctores santos» y «doctores irrefutables», de ahí viene ese afán por deslumbrar a la gente del pueblo ignorante con silogismos, mayores, menores, conclusiones, corolarios, supuestos y otras insulsas majaderías superescolásticas. Después de lo cual llega el quinto y último punto, en el que conviene acreditarse como maestro consumado. Para ello, cuentan algún chiste necio y hasta soez, sacado casi siempre del *Speculum Historiae* o de las *Gesta Romanorum,* y lo interpretan de manera alegórica, tropológica y analógica. Con lo cual rematan la Quimera que han ido forjando, tan disparatadísima que, a su lado, se quedaría en nada la del propio Horacio cuando escribió la del *Humano capiti,* etc.

Aprendieron de no sé qué maestros que el exordio debe ser sosegado y que debe pronunciarse sin elevar mucho la voz; de aquí que digan los exordios de sus sermones con semejante tono que ni el cuello de sus camisas puede oirlo, como si se hubieran propuesto que nadie pudiera escucharlos. Oyeron decir, sin duda, que a veces, para romper el hielo, es necesario hacer uso de exclamaciones, razón por la cual, y siguiendo tal norma, comienzan a dar unas voces formidables, sin hacer demasiado caso de si lo requieren o no las palabras utilizadas en aquel momento. Y aunque les digáis que están chalados y que harían muy bien en cuidarse, nada vais a conseguir, pues os oirán como quien oye llover. Y como, además, también aprendieron que es bueno ir subiendo de tono, en algunos períodos de la oración, que no habían comenzado nada mal, se ponen a gritar como locos, aunque el argumento sea leve y sin fuste, que hasta parece que se les va a ir el alma.

Por último, han aprendido tan bien las lecciones de los retóricos que tratan de la risa que procuran saltear sus sermones con algunos chistes que, ¡oh querida Afrodita!, resultan tan graciosos y oportunos que parece estar viendo uno aquellos del «asno tocando la lira». Algunas veces hasta son mordaces, pero incluso en estos casos suelen halagar más que morder. Nunca son, de hecho, más aduladores que cuando quieren dar a entender que hablan francamente y sin rodeos. Finalmente, se ajustan siempre y de tal manera a este modo de proceder, que podríais asegurar que lo han aprendido de los charlatanes de feria, a los que dan sopas con honda, aunque, bien mirado, se llevan tan poco unos a otros que difícilmente podría aventurarse quién enseñó a quién el oficio, si los charlatanes a estos retóricos o viceversa. Y, sin embargo, y gracias a mí, encuentran siempre gentes que, al escucharlos, creen estar oyendo a Demóstenes o a Cicerón. Entre las cuales se hallan siempre los comerciantes y las mujeres, a quienes cuidan mucho hablar de lo que les interesa: a los primeros porque, si los adulan de manera oportuna, suelen compartir con los oradores algunas migajas de sus bienes, no siempre bien adquiridos. A las otras porque conocen muchos de sus secretillos, y, sobre todo, porque suelen depositar en su seno cualquier cosa que estén tramando contra sus maridos.

Supongo que advertís cuánto me deben estos hombres que, con unas cuantas gesticulaciones, unos gritos y cuatro vaciedades, ejercen una suerte de tiranía entre los mortales y hasta se creen Pablos y Antonios[86].

---

[86] No tengo más remedio que detenerme un momento para aclarar algunas alusiones, aunque sea dando escuetamente las pistas al lector. Los siete hijos de Níobe fueron muertos por las flechas de Apolo y sus siete hijas cayeron a manos de Diana; ella misma fue convertida en piedra (de ahí la alusión de Erasmo) por haber despreciado a Leto, madre de Apolo y Diana. Príapo era dios menor; cuya efigie se hacía en palo de higuera, y que presidía los ritos orgiásticos y sexuales de Canidia y Sagana, según cuenta HORACIO en sus *Sátiras,* 1,8.

La expresión «¿A dónde irá a parar éste?» es de VIRGILIO, en sus *Bucólicas.* El «Espejo de la Historia» es, en la alusión erasmiana, el *Speculum Quadruplex,* obra de historia universal escrita por VINCENT DE BEAUVAIS e impresa en 1473, mientras que las *Gestas de los romanos* son un texto de historia que se remonta al siglo XIII.

Por muy extraño que pueda parecernos hoy, toda esa serie de «doctorados», y más, existían como preciados títulos que cada uno se iba atribuyendo. Todavía quedan hoy restos en *Los anales eclesiásticos,* en los que sigue llamándose *Doctor Angelicus* a santo Tomás y de manera semejante a otros santos doctores de la Iglesia. Pablo y Antonio nada tienen que ver con los apóstoles: Pablo es san Pablo, primer ermitaño, y Antonio es el popular san Antón, también eremita famoso.

Los reyes y los príncipes

55.   Pero ya es hora de abandonar a estos histriones que, ingratos, no reconocen mis beneficios y siguen fingiendo una devoción que no sienten. Hace un buen rato que quiero hablar de los reyes y los príncipes, de quienes, en cambio, recibo un culto bien sincero; así que voy a hacerlo con la misma sinceridad que de ellos recibo.

¿Creéis que si alguno de los aludidos —reyes y príncipes— tuviera una pizca de sentido común, encontraría vida más penosa que la suya ni, hay que decirlo, vida más digna de ser abandonada? Si quien pretende vivir como un auténtico rey meditase sobre el enorme peso de la carga que se echa sobre los hombros, no creería que la corona es suficiente pago para compensar la vileza o el parricidio; aquel que recibe el encargo de gobernar los pueblos tendrá que ocuparse de los comunes intereses y no de los suyos; tendrá que pensar exclusivamente en el bien general, pues, siendo al tiempo autor y ejecutor de las leyes, no debe apartarse de ellas ni un milímetro, y tendrá que velar, en fin, para que se vea en su persona y en su conducta una garantía de la integridad de sus ministros y magistrados; y como en él se clavan todos los ojos, puede convertirse o en el sol generoso por cuya influencia benéfica se difunden las buenas prácticas y el bienestar general, o en el cometa funesto que atrae sobre los pueblos calamidades sin cuento; los defectos de un ciudadano no trascienden del mismo modo ni tienen influjo semejante, pero los del soberano, por venir de quien vienen, con poco que se aparten de la recta virtud, enseguida contagian, como la peste, la suerte de muchos hombres. Hay en la propia condición o estado de los reyes características especiales que tienden a desviarlos del buen camino, como son ciertos tipos de placeres, la libertad de que disfrutan, la adulación, el lujo. Contra ellos deberá armarse debidamente y con fortaleza, a fin de no exponerse nunca a ser víctimas del engaño y no apartarse, así, de su trabajo. Hago caso omiso de las conspiraciones, de los complots, de los odios, del miedo y de otros varios peligros que los acechan, para decir solamente que, por encima de los reyes, hay otro Rey que va a exigirles cuenta de sus más pequeñas acciones y que será tanto más severo con ellos cuanto de mayor poder hayan disfrutado. Su responsabilidad, digo, es tan grande que si los reyes consultaran con su conciencia —hablo, por supuesto, de quienes la tienen—, es claro, pienso yo, que no podrían ni dormir ni comer tranquilos. Gracias a mi ayuda, los dioses inmortales los privan de estos quebraderos de cabeza y hacen que vivan serenamente, evitando que escuchen sólo a quienes les hablan de cosas divertidas y que no despierten en su alma ningún tipo de inquietud. Los reyes están convencidos de que realizan más que sobradamente su cometido regio porque cazan con frecuencia, porque crían elegantes caballos, porque venden, para su propio beneficio, los cargos públicos de magistrados y prefectos; a diario buscan nuevos pretextos para aliviar el bolsillo de los súbditos y, de paso, llenar todavía más los suyos, y encuentran motivos para establecer nuevas medidas que, por más que sean esencialmente perversas, puedan presentar con visos de equidad y de justicia, eso sí, buscando siempre halagar al pueblo de manera que consigan no tenerlo demasiado descontento.

Pero, imaginaos conmigo un hombre —y abundan— que desconoce absolutamente las leyes, prácticamente enemigo del provecho del pueblo, preocupado sólo de su provecho personal, dado a los placeres, que aborrece la ciencia, odia la libertad y la verdad, a quien nada importa menos que ver próspero a su estado y que lo único que cuida son sus placeres y su provecho. Poned le a este tal un collar de oro, que representa la suma y la armonía de todas las virtudes; la corona guarnecida de piedras preciosas, que le recuerda la obligación que tiene de superar a todos los demás en la práctica del bien; el cetro, que simboliza la justicia y la rectitud constantes a que el alma debe estar dispuesta y, en fin, la púrpura, que quiere ser el celo que debe sentir el rey por el interés público. Si el monarca compara tales atributos y lo que representan con su conducta, me imagino que tendrá que avergonzarse de sus propios poderes e incluso puede temer que algún socarrón se muestre dispuesto a tomar a chacota la simbología de tan augusta indumentaria.

Los cortesanos

56.   ¿Y qué digo de los cortesanos? Son los más incondicionales, los más serviles, los más necios y los más abyectos, y, sin embargo, pretenden estar siempre en el candelero. En una cosa, en cambio, resultan modestísimos: en que, llevando el cuerpo ceñido de

oro, de joyas, de púrpura y demás representaciones y símbolos de la virtud y de la ciencia, dejan a los demás todo lo que se refiere al estudio de las mismas. Semejantes personas se consideran felices sólo por el hecho de poder llamar al rey «el Señor», por haber aprendido las fórmulas protocolarias del saludo, por saberse al dedillo el protocolo de tratamiento que corresponde al Serenísimo, al Augusto o a Su Majestad, por saber dar a su expresión en cada caso lo que más conviene y por dominar el arte de halagar con gracia. Estas son las artes verdaderas que deben adornar al noble y cortesano. El resto, si apreciamos su singular género de vida, nos ofrecerá una imagen que corresponde a verdaderos indolentes, estériles feacios, ilusos pretendientes de Penélope... y demás del verso, que Eco, mejor que yo, puede recitároslo[87].

Duermen hasta el mediodía; casi sin levantarse, escuchan la misa que les dice de cualquier manera un capellán a sueldo. Hacen enseguida el desayuno y, apenas lo han despachado, ya están reclamando la comida. De seguido, el juego, los dados, los órdagos, las bufonadas, las chocarrerías, las rameras, el abandono y los desmadres. Y, entre unas cosas y otras, la merienda, por supuesto. Y enseguida, la cena; y después de la cena, las libaciones, y, por Júpiter, que no suele ser una sola ronda. De esta manera, sin cansarse lo más mínimo, pasan las horas en los palacios, pasan los días, los meses, los años, los siglos...

Yo misma, a veces, siento verdaderas náuseas cuando veo, entre estos pavos reales, a una dama, entre las demás, que se ve más próxima a los dioses cuanto más metros tiene la cola del vestido que arrastra o cuando contemplo cómo un noble se abre paso a codazos y a empujones para colocarse lo más cerca que pueda de Júpiter, o cuando compruebo, por fin, que cada uno siente mayor satisfacción cuanto más pesada es la cadena que lleva colgada del cuello, como si, más que la riqueza, lo que hubiera que acreditar es la robustez de la espalda.

---

[87] El verso, de Horacio, a que se refiere, dice: *Sponsi Penelopes nebulones,* y se encuentra en las *Epístolas,* I,2. Lo de *vulgares feacios* equivale a gente de vida encanallada, de acuerdo con Homero en la *Odisea,* 6.8. Los pretendientes de Penélope eran tan indolentes que se dormían mientras ella deshacía el tejido que había hecho durante el día.

Los obispos

57.   Los sumos pontífices, los cardenales y los obispos vienen emulando e incluso superando, desde hace tiempo, el comportamiento de los soberanos. Y si algún prelado piensa que los capisayos de lino, con su candor de nieve, representan la vida honesta y ejemplar, y que la mitra de doble cuerno, con sus extremidades unidas por un nudo, simbolizan el perfecto conocimiento de las Escrituras del viejo y nuevo testamento, y que las manos forradas de guantes quieren decir que deben estar protegidas contra todo contagio de intereses terrenos y permanecer inmaculadas para la administración de los sacramentos; que el báculo señala el diligentísimo cuidado que se ha de tener con el rebaño, y el pectoral, el dominio de las pasiones; si todo ello, digo, y otras semejantes fueran materia de meditación, ¿no tendrían una vida amarga y llena de inquietudes?

Sin embargo, obran con mayor cordura dedicándose a ser pastores de sí mismos y dejando en manos de Cristo el cuidado de las ovejas, o delegando sus funciones en los frailes y vicarios, sin acordarse siquiera de que la palabra «obispo» equivale a «trabajo», «desvelo», «solicitud». Lo cierto, por el contrario, es que los obispos sólo reaccionan cuando se trata de hacerse con dinero; entonces están bien despiertos[88].

Los cardenales

58.   De la misma manera, si los cardenales tuvieran presente que son los sucesores de los Apóstoles, serían exigentes consigo mismos. Y así, no se considerarían dueños sino meros administradores del patrimonio espiritual, de cuya gestión todos ellos están ya muy cerca de rendir cuentas. A poco que reflexionen un poco acerca de los ornamentos que usan y piensen en su hábito blanquísimo, ¿no sacan ninguna conclusión de esa blancura cándida? ¿No se dan cuenta de que les están exigiendo la más grande y perfecta inocencia de vida? ¿Y la

---

[88]   Hace Erasmo uno de sus típicos juegos de palabras. *Epi-scopus* es el que «vigila el entorno» *(scopeo* es mirar, ver). *Alaoskopie,* que he traducido por «estar bien despierto», es, exactamente, «especulación», pero también «vigilancia». El vigilante del rebaño, el *epi-scopus,* especula, bien despierto, al loro, cuando esa «vigilancia» le supone una renta, un beneficio económico.

púrpura de dentro? ¿No es el ardiente amor de Dios? ¿Y nada le dice la visión del ropaje exterior, tan amplio y flotante, bajo el cual desaparece con frecuencia la mula del Reverendísimo, que, a veces, bien podría cubrir a un camello? ¿No entienden que simboliza la infinita caridad cristiana que debe adornarlos, para acudir en ayuda de todos, para dirigirlos, exhortarlos, consolarlos, corrigiéndolos, amonestándolos, poniendo paz en sus discordias, protegiendo al débil contra los excesos del prepotente y dando, por fin, generosamente, no tanto sus riquezas sino incluso su sangre para ayuda de la Cristiana grey? Porque habrá que preguntarse, ¿por qué han de tener riquezas los sucesores de los pobres Apóstoles? Reitero que si meditasen sobre todo ello, no sentirían la ambición o, caso de sentirla, renunciarían a ella de buen grado, con lo cual su vida sería más laboriosa y más diligente, como lo fue la de los viejos Apóstoles.

Los papas

59.   Los sumos pontífices, que hacen las veces de Cristo, deben emular su vida, y, por tanto, estar de acuerdo con la pobreza, las penalidades, la doctrina, la cruz, el desprecio de la vida, y si pensasen que el nombre de «Papa» es lo mismo que el de «padre», y repararan en el apelativo de «santísimo» que ostentan, ¿quién podría vivir más angustiado que ellos? ¿O quién pondría todo su esfuerzo en conseguir la tiara a tan alto precio, ni quién, después de conseguirla, querría mantenerla, hasta, incluso, utilizando las armas, el veneno y todo género de violencias?

¿De cuántas satisfacciones acabarían privándose si, de una vez, les entrara la cordura? ¿He dicho cordura? Sería suficiente una pizca de sal, la que recuerda Cristo. ¡Tanta riqueza, tantos honores, tantos triunfos, tantos cargos, tanto manejar tesoros, tantos tributos, tantas indulgencias, tantos caballos, mulas y escoltas, tantas comodidades!

Ya veis el cúmulo y la variedad de bienes y el montón de riquezas que he metido en tan pocas palabras. En vez de todo eso, digo, veríamos las vigilias, los ayunos, las lágrimas, las oraciones, la predicación de la palabra divina, la profundización en la doctrina por el estudio, los suspiros y otras mil pesadumbres por el estilo. Pero tampoco hay que olvidar el futuro que les espera, con semejante reforma, a los innumerables escribientes, pendolistas, notarios, abogados, procuradores, secretarios, muleros, caballerizos, tesoreros, componedores de voluntades —algún otro oficio, más vergonzoso aún, añadiría si no temiese ofender vuestros oídos—, en suma, a toda esa inmensa patulea que es tan onerosa —perdón, me he equivocado, quería decir «honrosa»— para la Sede Romana, lo cual, desde luego, sería cruel y abominable, aunque lo es mucho más devolver al cayado y al zurrón a los príncipes supremos de la Iglesia, verdaderas luminarias del Universo. Hoy, todo lo que tiene visos de ser trabajo se lo encargan a Pedro y a Pablo, que tienen tiempo más que sobrado para estas cosas. En cambio, si es lucimiento o disfrute, de eso se ocupan ellos.

Y eso también es cosa mía, de tal manera que, así, difícilmente se encontrará alguien que viva con más placidez y menos preocupado, pues están seguros de que Cristo se encuentra muy satisfecho de su conducta, viéndolos representar su papel de pastores, impartiendo bendiciones y anatemas, desplegando su místico y teatral atuendo, sus ceremonias y sus títulos de Beatitud, Reverencia, Santidad. Hacer milagros es cosa anticuada y obsoleta; enseñar al pueblo es penoso; interpretar y explicar las sagradas letras es cosa de escolares; rezar es de gente desocupada, llorar es de pusilánimes y de mujeres, trabajar es de gente vulgar, someterse es vergonzoso e indigno de quienes de vez en cuando otorgan a los reyes más poderosos la merced de que puedan besar sus bienaventurados pies; morir, finalmente, es poco apetecible; morir en la cruz, sencillamente infame.

Sus únicas armas son las dulces bendiciones de que nos habla Pablo y aquellas otras que, con admirable generosidad, prodigan, tales como interdicciones, suspensiones, agravaciones, redagravaciones, anatemas, amenazas con venganzas y castigos eternos y, de manera protagonista, el terrorífico rayo, cuya sola mención arroja a las almas de los mortales más allá de los mismísimos infiernos[89]. Un arma que los santísimos padres en Cristo y vicarios de Cristo no esgrimen contra nadie con tanta saña como contra aquellos que, tentados por el diablo, se atreven a disminuir o intentan reducir el patrimonio de Pedro, pues aunque éste haya dicho, de acuerdo con el Evangelio, *reliquimus om-*

---

[89] Describe, por supuesto, la excomunión, que era la condena en vida de un cristiano a no formar siquiera parte de la sociedad, incluso de la civil, El excomulgado por el papa pasaba a ser un «apestado». La cita de las «bendiciones» de san Pablo la encontramos en Romanos, 16.

nia et sequuti sumus te («lo hemos dejado todo y te hemos seguido»)[90], hoy se comprende que son patrimonio suyo las tierras, las ciudades, los impuestos, los puertos, los señoríos. Por los cuales los sucesores del apóstol, quemados por el celo divino, luchan a sangre y fuego, hasta exterminar a los —así los llaman— enemigos. Con seguridad son más perniciosos enemigos de la Iglesia los pontífices impíos que, con su silencio, contribuyen a borrar la memoria de Cristo, sin tener empacho alguno en invocarlo para sus intereses, en interpretarlo a su capricho y en inmolarlo con su vida pestilente.

Pero, como aseguran que la iglesia de Cristo fue fundada con sangre, con sangre consolidada y con sangre crecida, creen ser sus auténticos defensores conduciéndola a sangre y fuego, como si, en cualquier momento, fuera a quedarse sin la protección de Cristo, que siempre veló por los suyos. Por eso, aunque la guerra sea tan cruel que es más propia de fieras que de hombres, tan insensata que los poetas la pintan como engendro de las Furias, tan funesta que contamina y pervierte las públicas costumbres, tan injusta que los más grandes criminales son los que mejor la hacen, y tan impía que no tiene la menor relación con la doctrina de Cristo, los pontífices, olvidándolo todo, hacen precisamente lo contrario y por eso no es difícil encontrar a ancianos decrépitos, animados de una fuerza juvenil increíble, que no se arredran ni ante los gastos ni ante las fatigas, que no se acobardan por el hecho de ir conculcando las leyes a su antojo, despreciando la religión, alterando la paz y cualquier convivencia humana, y a los que nunca faltan aduladores y sabihondos que, a tan clara estupidez dan nombre de celo, de piedad y de fortaleza, y que sostienen que herir y arrancar con el hierro homicida las entrañas de sus hermanos es procedimiento laudable que deja incólume aquella suprema caridad que, de acuerdo con el precepto de Cristo, debe todo cristiano a su prójimo.

Los obispos alemanes

60.   Confieso que hasta ahora mismo no he podido saber con certeza si todas estas cosas las copiaron los papas de los obispos de los Alemanes o si, por el contrario, fueron éstos los que las tomaron de

---

[90]   Mateo, 19,27.

los papas, pues los citados obispos, prescindiendo con candor admirable de la liturgia, de las bendiciones y demás ceremonias de esa clase, se muestran como auténticos sátrapas, hasta el extremo de que consideran punto menos que cobardía, indigna del decoro episcopal, entregar a Dios su esforzado espíritu si no es combatiendo como guerreros.

Lo peor del caso es que la mayor parte de los clérigos también considera que es cosa de gente de poca valía no equipararse al santo arrojo de sus prelados y, por eso, ¡válgame el cielo, hay que ver con qué valentía defienden su derecho a los diezmos con la espada, con dardos, con piedras y con todo tipo imaginable de armas; qué vista de águila demuestran tener cuando, interpretando a su arbitrio algún viejo texto, meten miedo en los corazones más simples, convenciéndolos de que no son los diezmos el único tributo que tienen que pagar! Pero jamás se las pasa por las mientes lo que se lee de continuo en los libros que utilizan para su ministerio, a saber, que ellos, a su vez, están obligados a ser los protectores del pueblo, pues ni siquiera la tonsura les sirve para recordar que los sacerdotes deben despojarse de todas sus ambiciones mundanas y no deben pensar más que en las cosas celestiales. Sin embargo, estos hombres, de talante amable, están convencidos de que cumplen rigurosamente con la justicia y de que son exactos cumplidores de los objetivos de su sacerdocio, y todo ello sólo porque saben murmurar los rezos de cincuenta mil maneras, aunque me admira, ¡por Hércules!, que Dios los oiga o los entienda, que ni ellos mismos los oyen ni los entienden pese a recitarlos a voz en cuello. En una cosa, a mi entender, se parecen los sacerdotes a los fieles, es decir, en la exquisita solicitud con que cuidan de la hacienda, así como en el conocimiento de los derechos que sobre ella les corresponden. Pero si se trata de una carga enojosa, la dejan caer prudentemente sobre otros hombres y unos a otros se la van pasando como una pelota. Porque de la misma manera que el rey delega los asuntos de la administración del Estado en sus lugartenientes, y éstos en sus vicarios, así los sacerdotes, sin duda por humildad, encomiendan al pueblo las prácticas de devoción. Éste, a su vez, se las pasa a los clérigos, como si él no tuviera la menor relación con la Iglesia y fuesen papel mojado las promesas del bautismo. De nuevo los sacerdotes, que se llaman a sí mismos seculares, como si fueran expertos en las cosas del siglo y no en las de Cristo, descargan en los regulares, los regulares en los monjes, los monjes más relajados en los que hilan más fino; unos y otros lo trasladan a los mendicantes, los mendicantes a los Cartujos, que son los únicos en los que, sepultada, late la piedad; y digo *late* porque casi nunca es posible verla.

En este mismo sentido, los pontífices, muy solícitos en la recaudación del dinero, dejan a los obispos todos aquellos ministerios que consideran demasiado... apostólicos; los obispos se los dejan a los párrocos; los párrocos a los coadjutores; los coadjutores, en manos de los frailes mendicantes, y éstos, finalmente, los entregan en manos de quienes conocen el oficio de trasquilar las ovejas.

Pero, por supuesto, no es mi objetivo criticar la vida de los pontífices y de los sacerdotes, no vaya a creer algún mal pensado que estoy armando una sátira en vez de hacer un elogio, ni vaya alguien a suponer que critico a los soberanos justos y hago, en cambio, la apología de los perversos. Por lo que llevo dicho podrá deducirse, aunque lo haya tratado muy a la ligera, que no hay mortal que pueda vivir dichoso si no está iniciado en mis sagrados misterios y no cuenta, por tanto, con mi protección.

La suerte favorece a los estultos

61   ¿Y podría ser de otra suerte si la propia Rhamnusia, que es quien dispensa la suerte en los asuntos humanos, procede de tan común acuerdo conmigo que también ella siente hacia los sabios una inevitable ojeriza? ¿Por qué, en cambio, a los estultos les regala, incluso cuando duermen, mil satisfacciones distintas? Seguro que tenéis noticias de aquel Timoteo, al que se refería el dicho: «Dormía y la red henchía». Y seguro también que habéis escuchado la frase: «La lechuza perjudica». Por el contrario, a los sabios les cuadra mejor lo de «nacer con mala estrella», o «tiene el caballo de Seyo y el oro de Tolosa»[91]. Pero dejémonos de refranes y frases, para que no vaya a decir mi amigo Erasmo que estoy saqueando su *Adagiarum Opus*.

---

[91]   Rhamnusia es Némesis, que encarna la justicia vengadora.
El Timoteo aquí citado es un general ateniense del siglo IV a. C. No quiso reconocer que sus victorias se las debía a la suerte y por ese supuesto acto de soberbia fue castigado. El caballo de Seyo traía mala suerte a quien lo montaba; el oro de Tolosa era tan perjudicial que quien lo tocaba moría al instante.

Volvamos al asunto: se complace la Fortuna en los hombres poco inteligentes y le encandilan los que, para colmo, son audaces y lo apuestan todo a una sola carta. La sabiduría, por el contrario, vuelve a los hombres timoratos y por eso, lo habréis observado, la mayoría de los sabios son pobres, éticos y hambrientos, y viven retirados, olvidados y sin gloria, en tanto que los estultos son gente a los que les llueve el dinero, tienen en su mano las riendas del Estado, en suma, triunfan donde llegan. Si algún sabio sintiese deseos de captar la confianza del soberano y de conseguir un puesto a la vera de estos áureos y opulentos dioses. ¿Qué cosa le resultaría más inútil que sus conocimientos, o, mejor dicho, qué le perjudicaría más en el ámbito de tales personajes? Si tratase de conseguir riquezas, no sé cómo iba a lograr beneficio alguno si, consecuente con los preceptos de la sabiduría, le repugnase no cumplir su palabra, sintiera enorme vergüenza al verse pillado en una mentira, o experimentase angustia o por lo menos escrúpulos de cara al hurto o ante la usura. Por la misma razón, quien ambicione los honores y los bienes eclesiásticos los conseguirá mucho antes si se comporta como un asno o como un buey, mejor que si procede como un sabio. Y si quiere refocilarse, no debe olvidar que las muchachitas, que son los personajes principales de la obra, sienten clara predilección por los estultos, y, en cambio, que a los sabios no sólo no los aguantan a su lado sino que los aborrecen y huyen de ellos como del escorpión. De todo lo cual hay que concluir que el que aspire a vivir medianamente contento, lo primero que debe hacer es colocar a los sabios a una prudente distancia y buscar el trato de cualquier animal antes que el de ellos. En suma, a donde quiera que miréis, veréis que los pontífices, los reyes, los jueces, los magistrados, los amigos, los enemigos, los grandes y los pequeños, todos, en fin, se desviven por el dinero que, como es despreciado por los sabios, nada tiene de extraño que se aparte de ellos de manera habitual.

Opiniones de algunos autores favorables a la Estulticia: Horacio, Homero, Cicerón

Aunque mis elogios no tendrían ni pausa ni fin, no me queda más remedio que rematar el discurso de alguna manera, y lo daría aquí mismo por rematado si no pretendiera decir, en dos palabras, que no faltan sesudos autores que han contribuido mucho a mi éxito, tanto con sus escritos como con sus hechos, de tal manera que nadie pueda decir que soy yo sola quien se alaba neciamente, ni podrá acusarme algún leguleyo de que no me apoyo en autoridades. Voy a aportar estos testimonios como lo hacen ellos, es decir, aunque no tengan nada que ver con el tema.

62.   Comenzaré recordando el famoso refrán que todo el mundo acepta como bueno y que dice que «donde faltan realidades, la simulación es lo mejor». Por eso, seguramente, lo primero que se enseña a los niños es este verso: «Hacerse el loco en el momento justo equivale a la sabiduría suprema».

Creo que podéis haceros una idea de la inmensa calidad de la estulticia, cuando su sola sombra e imitación ha merecido de los sabios tan encendidos elogios. Con mayor ingenuidad, si cabe, nos aconseja que mezclemos estulticia y sensatez aquel pulido y lustroso cerdo de la piara de Epicuro: «Mezcla la estulticia con los consejos», por más que, en honor a la verdad, hay que reconocer que añade que lo hagamos en pequeña dosis; y en otro pasaje asegura: «Es hermoso hacerse el tonto alguna vez», así como, en otro, afirma que «vale más pasar por extravagante y por corto de luces que no por sabio antipático».

En Homero, Telémaco, al que de tantas maneras alaba el poeta, recibe de él el nombre de *nepios, tontuelo,* denominación cariñosa que los autores trágicos griegos suelen aplicar a los niños y a los jovencitos, y que consideran de buen augurio. ¿Qué es, en resumidas cuentas, ese sagrado poema que es la *Ilíada* sino el relato de las fenomenales e insensatas irritaciones de reyes y pueblos? ¿Hay elogio más completo que el de Cicerón cuando dice que «el mundo está lleno de estultos»?[92].

Porque, ¿quién ignora que cuanto más difundido esté un bien, más bien debe ser considerado?

---

[92]   «Donde faltan realidades...» está tomado de Diomidio Catón, autor muy socorrido en la Edad Media. El «pulido y lustroso cerdo de la piara de Epicuro» es definición que se aplica a sí mismo Horacio en la primera de sus *Epístolas* (4,16). El elogio de Cicerón lo toma Erasmo de las *Epístolas a los familiares* (9,22).

Continúa el argumento anterior. Pasajes de la Sagrada Escritura en apoyo de la Estulticia: textos del Eclesiastés, de Jeremías, del Evangelio y de Salomón. Interpretación de unas palabras de san Pablo

63.   Tal vez para los cristianos la autoridad de los citados es más bien relativa. Por eso, con vuestro permiso, voy a apoyar y fortalecer mis elogios con testimonios extraídos de las Sagradas Escrituras, tal como suelen hacer los doctos, previa petición, naturalmente, de la venia a los teólogos para que no vean mi incursión con malos ojos, y, al acometer empresa tan difícil, y dado que tal vez resulte incapaz de hacer emprender a las Musas tan largo viaje desde su Helicón para un asunto que no les interesa, estoy pensando que, mientras represento mi papel de teólogo y piso semejante erial lleno de espinas, es mejor pedir la inspiración a Scoto, que, por un momento, se traslade desde su Sorbona hasta mi pecho, por más que enseguida esta inspiración espinosa y erizada se vaya a donde le plazca, al mismísimo cuerno. ¡Ojalá pudiera cambiar mi cara y revestirme de las cualidades teológicas! Porque tengo miedo a que, al verme inmersa en semejantes profundas teologías, alguien me acuse de apropiación indebida, como si hubiera estado hurgando en secretos de atril de propiedad de nuestros maestros. Si bien se mira, no es cosa del otro jueves que, habiendo tenido tan estrecha relación con los teólogos, se me hayan pegado unas briznas de su ciencia. El mismo dios Príapo, tallado en palo de higuera, llegó a memorizar algunas palabras griegas que oía a su dueño cuando leía en voz alta; y el gallo de Luciano no tuvo más remedio que hablar con facilidad y una cierta galanura después de haber vivido muchos años con los hombres. Vamos, pues, a la cuestión que nos ocupa y hagámoslo con el pie derecho.

En el capítulo primero del Eclesiastés está escrito: *Stultorum infinitus es numerus,* «el número de los estultos es infinito». Cuando dice que el número es infinito, ¿no parece comprender a todos los hombres, tal vez excepto unos poquitos que dudo que alguien haya logrado ver? Mucho más explícito es, aún, Jeremías, en su capítulo décimo: «Todo hombre se ha hecho estulto por culpa de su sabiduría». Es decir, sólo a Dios concede el ser sabio por naturaleza, dejando para todos los hombres la estulticia. Un poco antes acababa de decir que «no se gloríe el hombre en su sabiduría». Excelso Jeremías, ¿por qué no debe el hombre gloriarse en su sabiduría? Sin duda me vas a contestar que no debe hacerlo porque el hombre no tiene sabiduría alguna[93].

Vuelvo al Eclesiastés. Allí se reitera: *«Vanitas vanitatum, et omnia vanitas:* Vanidad de vanidades y todo vanidad»[94]. ¿Qué otra cosa suponéis que se pretende decir sino, —como he dicho antes—, que la vida humana no es más que una farsa de estulticia? Desde luego, se justifica sobradamente el voto favorable y entusiástico de Cicerón cuando asegura, con muy buen criterio —y ya lo hemos visto— que el mundo está lleno de estultos. De nuevo es sabio aquel Eclesiástico que dijo: «El estulto cambia como la luna, el sabio permanece como el sol», lo cual, ¿no quiere significar que el género humano es todo él estulto y que sólo a Dios le compete el nombre de sabio? Si la luna representa a la naturaleza humana, el sol, fuente de toda luz, representa, lógicamente, a Dios. A esto hay que añadir que el mismo Cristo niega en el evangelio que se pueda llamar bueno a nadie que no sea sólo a Dios. Y, por eso, si todo el que no es sabio es estulto, y todo el que es bueno es también sabio —de acuerdo con la opinión de los estoicos— debemos concluir necesariamente que la estulticia afecta a todos los mortales.

Afirma Salomón en el capítulo XV (de Proverbios): «La estulticia divierte al estulto», lo cual equivale a decir claramente que sin la estulticia nada hay grato en la vida. El propio Salomón afirma, asimismo: «A más sabiduría, más pesadumbre; a más ciencia, más dolor». Y el regio predicador declaró abiertamente en el capítulo VII (del Eclesiástico) que «el corazón del sabio está donde está la tristeza; el de los estultos, donde está la alegría». Sin duda por eso dedujo que no le resultaba suficiente conocer la sabiduría sin conocerme también a mí, y,

---

[93]   El famoso Duns Scoto enseñaba en París, en la Sorbona, en el siglo XIII. El gallo de Luciano es recurrencia habitual. La cita está en los *Epigramas,* LXIX, Priapeus.

La cita del Eclesiastés —no Eclesiástico, como figura en la edición de Puyol/Porrúa— está en el capítulo I, 15, pero la versión de san Jerónimo en la *Vulgata* no es correcta. En el original hebreo se dice: «Lo torcido no se puede enderezar, lo que falta no se puede contar». Lástima que una sentencia tan conocida resulte ser apócrifa: La cita de Jeremías está en el capítulo X,14.

[94]   Eclesiastés, 1,2 y reiteradamente a lo largo del libro. En todas estas páginas se hacen abundantes citas de los libros bíblicos llamados «Sapienciales»: Proverbios, Eclesiastés, Eclesiástico, Sabiduría... Como el propio autor anota los capítulos correspondientes, no voy a hacer yo referencias más concretas para no multiplicar absurdamente las llamadas. Se trata de citas de fácil localización con las pistas que da el autor.

por si se concede escaso crédito a lo que digo, escúchense las palabras que escribió en el capítulo I (del Eclesiastés): «Y dejé que mi corazón conociera la ciencia y la doctrina, el error y la estulticia». Cualquiera que se fije un poco advertirá que este pasaje debe sumarse a los de alabanza de la estulticia, desde el punto y hora en que el autor la colocó en el postrer lugar. Sabéis perfectamente, según el Eclesiastés, —y ése, os consta, es el protocolo eclesiástico—, que el que sea máxima autoridad ocupe el lugar postrero, recordando de paso los preceptos evangélicos.

Que la estulticia sea preferible a la sabiduría es tesis que el autor del Eclesiástico, quienquiera que fuese, demuestra de manera irrefutable en el capítulo XLIV, pero, vive Dios, que no pienso repetir el texto si no me ayudáis vosotros mismos a hacer la deducción contestándome a una pregunta que voy a haceros, como hacen en Platón aquellos que discutían con Sócrates.

Decidme: ¿qué importa, sobre todo, conservar: los objetos que son especiales, de mucho precio, o los abundantes y de escaso valor? ¿Por qué calláis? Por más que disimuléis, la respuesta la da el proverbio griego que dice: «El cántaro, a la puerta»[95], y para que nadie lo rechace cínicamente, sepan que lo dijo Aristóteles, que es el dios de nuestros maestros. ¿Alguno de vosotros es tan estulto que deja el oro y las joyas en la calle? De ninguna manera, no puedo creerlo. Por el contrario, los guardará bajo siete llaves y en los más disimulados escondites de sus muebles más seguros, mientras las cosas de escaso valor podrá tenerlas a la vista de todos. Luego, si lo que mucho vale se guarda, y lo que vale poco no se esconde, ¿no es claro como la luz del sol que la sabiduría que él prohíbe esconder es más vil que la estulticia que manda recatar? Recibid sus palabras (en el Eclesiástico) como testimonio de lo que digo: «Más provechoso le es al hombre ocultar su estulticia que esconder su sabiduría».

Por algo las sagradas letras reconocen, además, una bondad de espíritu a los necios, mientras los sabios no reconocen a nadie por encima de ellos. Así entiendo yo lo que se escribe en el capítulo X del Eclesiastés: «El estulto va por la senda, tonto como es, considerando estultos a todos los demás». ¿No creéis que denota un cierto candor pensar que todos son iguales a ti mismo y, en un mundo en que todos

---

[95] *Retórica,* de ARISTÓTELES, I,6.

se creen superiores a los demás, compartir con todos tus mismas cualidades? Ese es el motivo por el que Salomón, con ser tan excepcional monarca, no se avergonzase del calificativo de estulto, pues se llamó a sí mismo en el capítulo XXX (Proverbios) «el más estulto de los hombres *(Stultissimus sum virorum)»*. Ni siquiera Pablo, el gran doctor de los gentiles, escribiendo a los Corintios, se eximió a sí mismo del nombre de estulto: «Para ignorante, os digo que más yo», como si le resultara vergonzante que alguien lo ganara en estulticia.

Pero, mientras tanto, quizá me aborden algunos helenistas de esos que andan siempre con cien ojos a la caza de gazapos y dedican todo su tiempo a poner pegas a los teólogos, tratando de desorientar a los demás con sus comentarios, como humos que oscurecen la visión, y entre los cuales mi amigo Erasmo —lo llamo por su nombre muchas veces con intención de elogio— si no es Alfa sí es Beta. «Oh, gritarán, qué cita más tonta y, por tanto, digna de Estulticia». ¡Nada estaba más lejos de la intención del Apóstol que lo que tú deduces! Nunca quiso decir, con esa frase, que se tenía por más estulto que los demás, pues lo que dijo fue que los Apóstoles eran «ministros de Cristo; y yo también», como manifestando que tenía a orgullo ser lo mismo que los otros, y agregó, intentando aclararlo más: *plus ego,* de manera que expresase que se consideraba, en cuanto al celo en el ministerio evangélico, más que los demás, un poco más. Y como él así lo estimaba pero, al tiempo, no quería ofender los oídos de nadie con palabras arrogantes, tomó pretexto de la estulticia para hacer ver que hablaba como alguien poco entendido en la materia: Como el que menos sabe, digo..., precisamente porque sabía muy bien que los estultos gozan del privilegio de ser los únicos que pueden decir la verdad sin ofender.

Dejo a éstos discutiendo sobre lo que Pablo pensaba de verdad cuando escribía lo dicho. Yo, por mi parte, me voy detrás de los enormes, orondos, grasientos y popularísimos teólogos, ya que más vale ¡por Júpiter!, errar con la mayoría de los doctores que acertar con la gentecilla trilingüe. Ninguno de estos helenizantes hacen más de lo que pueden hacer los grajos[96]; sobre todo un cierto glorioso teólogo cuyo nombre creo sensato omitir por miedo a que alguna de las susodichas aves vaya a ver aquí una alusión al asno de la lira de que nos

---

[96] Un nuevo juego de palabras —uno más— de Erasmo: *Graéculos* (helenizantes), frente a *gráculos* (grajos).

habla el donoso proverbio griego. Cuando, magistralmente y teologalmente, este maestro examinó el pasaje citado y, al llegar a la expresión «Para ignorante, yo, más», hace capítulo aparte y, después de un esfuerzo dialéctico, hace una nueva división que interpreta así —cito sus propias palabras, no sólo en la forma sino también en el fondo—: «Como el más ignorante digo, esto es, si os parece que soy un insensato al equipararme a los falsos apóstoles, aún os pareceré más necio al situarme por encima de ellos».

Tras de lo cual, poco después, como quien se olvida de lo que está diciendo, pasa a tratar otra cosa.

Otros textos sagrados de las epístolas de san Pablo y del Evangelio

64.   Pero, ¿por qué me empecino en limitarme a un solo ejemplo? Es conocido que a los teólogos se les permite estirar el cielo, es decir, la divina escritura, como quien estira una piel; por eso algunas frases de san Pablo parecen contradecir otras palabras de las divinas escrituras, lo que, dentro del contexto, no es verdad, si hemos de creer lo que nos cuenta Jerónimo, que hablaba cinco lenguas[97], de cuando el Apóstol vio en Atenas un ara votiva y cambió el sentido del texto que en ella figuraba para convertirlo en argumento de la fe cristiana, pues, dejando de lado aquellos vocablos que no le convenían, se quedó sólo con las palabras finales, alterándolas incluso; es decir: *Ignoto deo,* «al dios desconocido», cuando lo cierto es que la inscripción completa decía: «A los dioses de Asia, de Europa y de África, a los dioses desconocidos y extranjeros». Sospecho que, por seguir una norma parecida, hacen lo mismo los «niños de los teólogos», cogiendo de aquí y de allá cuatro o cinco textos de diferentes frases que, cuando les conviene e incluso forzando el sentido, los acomodan a su interés de cada momento, y les importa un bledo que en relación con lo anterior y con lo que sigue, o nada tengan que ver con el argumento o digan, además, todo lo contrario de lo que ellos persiguen. Y lo hacen con tan feliz desvergüenza que, incluso, muchas veces consiguen despertar los

---

[97]   En efecto, el santo anacoreta y traductor de la Biblia a la versión latina de la *Vulgata,* hablaba cinco lenguas: dálmata, caldea, latina, griega y hebrea.

celos de los jurisconsultos. Nada queda ya, en verdad, a lo que no se atrevan, después de que —a poco se me escapa el nombre, menos mal que he recordado el dicho Griego— aquel... diera a ciertas palabras de Lucas una interpretación que se adecúa tanto al espíritu de Cristo como el agua se adecúa al fuego.

El momento de mayor peligro hace que los vasallos se arracimen en torno al señor, convencidos de la fuerza que en la pelea supone la unión. Por eso recordaréis que Cristo, queriendo acostumbrar a sus discípulos a que arrancasen de su alma la confianza en la ayuda ajena, les preguntó si por casualidad les había faltado algo en los lugares a donde los había enviado, sin vituallas, a predicar, ya que ni les había dado calzado contra las espinas y las piedras del camino, ni alforjas repletas contra el hambre. Cuando negaron que les hubiera faltado algo, añadió: «Pues ahora, quien tenga mochila, que la deje, y que deje la alforja también quien tenga; y el que nada tenga, que venda su túnica y compre una espada». Considerando que en toda la doctrina de Cristo no hay más que enseñanzas de mansedumbre, de generosidad y de desprecio de la vida, ¿cómo no estar seguro de que se entenderá fácilmente lo que el Maestro quiso decir en ese pasaje? Que sus enviados deben renunciar no sólo a sus zapatos y a las alforjas sino también a la túnica y, desnudos y enteramente desembarazados de todo, emprender la predicación del Evangelio sin preocuparse de otra cosa que de la espada, aunque no, desde luego, de aquella con la que hieren los ladrones y asesinos sino de la espada espiritual que entra hasta los rincones más escondidos del alma, que de tal manera cercena de una vez todas las pasiones que no deja nada en el corazón que no sea la piedad.

Pues bien, escuchad ahora de qué manera manipuló el texto el famoso teólogo: la espada, a su juicio, significa la defensa contra la persecución y la mochila quiere ser la merienda para el camino; de la misma manera que Cristo, abandonando los principios que en tantas de sus sentencias proclamó, y al ver que enviaba a los Apóstoles con unas provisiones más bien insuficientes, se retractó de su anterior doctrina olvidándose de que había llamado bienaventurados a los que sufren injurias, afrentas y suplicios, de que ordenó a sus discípulos que no fueran soberbios en las adversidades sino pacientes y humildes, y, en fin, de que los había comparado con los pájaros y con los lirios, así ahora, puesto que no quería de ninguna manera que sus enviados marcharan sin espada, incluso aunque tuvieran que vender la túnica para tenerla, creía preferible que fueran desnudos que sin llevar al cinto el acero. Y así juzga que hay que entender por espada todo lo que se refiere a la utilización de la fuerza para rechazar la agresión y por mochila se entiende cuanto sirve para satisfacer las necesidades de la vida. De ser exacto lo que sostiene este intérprete de la palabra divina, habría que deducir que los Apóstoles fueron a predicar la doctrina del Crucificado bien pertrechados de lanzas, catapultas, hondas y bombardas. Y también provistos de cesta, maleta y equipaje, para no exponerse a abandonar la posada con el estómago vacío.

Y ni siquiera detiene a nuestro hombre el hecho de que, con anterioridad, Cristo ordenara comprar una espada para mandar, poco después, envainarla[98], pues nunca se ha oído decir que los Apóstoles usaran armas y escudos contra la fuerza de los extranjeros, como los hubieran usado, sin duda, en el caso de que el sentido de las palabras de Cristo fuera el que supone nuestro exegeta.

Hay otro de éstos, y no de los del montón, a quien por respeto no voy a nombrar, que en aquellas pieles de que nos habla Habacuc, con las que hacían sus tiendas los madianitas —«Agobiadas veo las pieles de Madiam»— ve nada menos que una clara alusión a la piel de Bartolomé, que fue desollado.

En fin, no hace mucho estaba yo asistiendo a unas disertaciones teológicas, sesiones a las que suelo acudir, y en ellas, cuando uno de ellos preguntó dónde estaba la autoridad de las divinas letras que ordena reducir a los herejes más por el fuego que por el convencimiento, un pausado anciano, cuyo entrecejo hacía ver claramente al teólogo, respondió, no sin cierta irritación, que la autoridad era el apóstol Pablo cuando dijo: *Hoereticum hominem post unam et alteram correptionem, devita,* «Evita al hereje después de haber intentado una y otra vez corregirlo». Y como repitió varias veces esas palabras en el mismo tono de irritación y muchos se estuvieran preguntando qué le pasaba a aquel hombre para ponerse así, explicó

---

[98] Se refiere a la escena del Huerto de Getsemani, cuando Pedro, al ver que se llevan al Maestro, saca su espada y corta, de un tajo, la oreja de Maleo, siervo del sumo sacerdote. Jesús riñe a Pedro: «Envaina tu espada. ¿O no sabes que debo beber esta copa de amargura que el Padre me ha preparado?». La providencia por encima de la iniciativa personal.

su exégesis diciendo que el texto paulino debía leerse de esta manera: *De vita tollendum hoereticum,* o sea, que hay que quitar la vida al hereje. Algunos soltaron la carcajada, pero no faltaron otros que encontraron la exégesis rigurosamente teológica; algunos, por fin, protestaron a gritos.

En esto se levantó uno de los más importantes, de esos a quienes se tiene por autoridad irrefutable y exclamó: «Escuchad esta otra prueba. Escrito está que no debe tolerarse que viva el malvado; todo hereje es malvado, ergo...», etc. Ante la perspicacia de este hombre y convencidos de su conclusión, quedaron todos con un palmo de narices, la boca abierta como papanatas, sin que nadie recordara que en el precepto mencionado la voz *maléficum* se refiere a los hechiceros, encantadores y magos, a quienes los hebreos llaman, en su lengua, *meccashephim;* de otra manera, sería reconocer que la embriaguez y la fornicación, por ejemplo, deberían costar también el cuello.

Ardorosos elogios de san Pablo a la Estulticia. Consideración de la Estulticia en el Evangelio y otros textos sagrados que la abonan

65.   Necia sería si pretendiera hacer memoria de tantas sandeces, que son innumerables, que ni los tomos de Crisipo o de Dídimo bastarían para contenerlas. Sólo quiero hacer constar que, puesto que a los maestros de fama se les consiente hacer las citas con escasa propiedad, también se me va a permitir a mí, como teóloga de imitación.

Así que vuelvo a Pablo: «Libremente, dice, soportáis a los insensatos», y habla de sí mismo. Y, una vez más: «Como un insensato, recibidme». Más: «Y no hablo según Dios, sino casi en la ignorancia». Y todavía más: «Nosotros, dice, imbéciles por causa de Cristo». Notad qué gran elogio a la estulticia en boca de tan gran autor. ¿Y qué decir cuando, de manera directa, se pronuncia en favor de la estupidez, como la cosa más necesaria y saludable? «Quien se considere sabio entre vosotros, que se haga estulto, y así será sabio». Y Jesús, en Lucas, a dos discípulos a los que se unió en el camino, los llama estultos. ¿Por qué vamos a sorprendernos de todo eso si el mismo Pablo atribuye a Dios su pizca de estulticia: «Porque la estulticia de Dios es más sabia que la de los hombres»[99], aunque Orígenes, interpretando este pasaje, arguye que semejante estulticia no puede ponerse en relación con la humana, y que, en cambio, es del mismo tipo que aquella otra que se cita en el texto: «Para los condenados, el mensaje de la cruz es estulticia»?

Pero, ¿por qué habría de aburrirme alegando testimonios en apoyo de mis tesis cuando en los místicos salmos el mismo Cristo habla al Padre: «Conoces mi ignorancia»?[100]. No es ciertamente extraño que el Señor sintiese tanta predilección por los estultos; y sospecho que la razón es que los grandes príncipes ven con malos ojos y, en cierto modo, como enemigos, a los demasiado inteligentes, como fue el caso de Julio César con Bruto y Casio —del borracho de Antonio nada temía— de Nerón con Séneca y de Dionisio con Platón. En cambio, les agradan muy mucho los espíritus rudos y simples, y por eso, de manera semejante, Cristo detestó y condenó de manera constante a los «sabihondos» y su cacareada sabiduría. Da testimonio de ello Pablo, cuando, sin rodeo alguno, dice: «Dios eligió precisamente lo más estulto del mundo», y dice también que le plugo a Dios preservar al mundo por medio de la estulticia, ya que por la sabiduría no podía ser salvado. Yeso mismo se indica más claro aún cuando dice por boca del profeta: «Echaré a perder la sabiduría de los sabios; reprobaré la prudencia de los prudentes»[101]. Y de nuevo, al dar gracias porque se ha ocultado el misterio a los sabios, mientras a los pequeños, es decir, a los estultos, se les ha mostrado. Pues en griego, la palabra *nepios* lo mismo es niño que estulto, y se contrapone a *sofoi,* sabios.

Tal vez esto nos ayude a entender las invectivas en el Evangelio contra los fariseos y los escribas y doctores de la ley, mientras a los indoctos se los defiende celosamente. ¿Qué significa: «¡Ay de vosotros, escribas y Fariseos!» sino «¡Ay de vosotros, sabios!»? En cambio, se le ve muy a gusto con los niños, con las mujeres y con los pescadores. Incluso las preferencias de Cristo dentro del género puramente animal van con aquellos que se alejan más de la condición astuta de

---

[99]   El texto paulino «Porque la estulticia de Dios...», de la I Carta a los fieles de Corinto, tiene, hoy, distinta traducción y por tanto, también distinta interpretación. Dice: «Porque la sabiduría del mundo es necedad —dice— a los ojos de Dios», que no necesita exégesis.

[100]   Salmos, 69,5.

[101]   Isaías, 29,14.

la zorra. Por eso quiso cabalgar un asno, cuando, si hubiera querido, habría podido apretar, sin temor alguno, el lomo de un león. Por eso el sagrado espíritu bajó en forma de paloma y no en figura de águila o de milano. Por eso los ciervos, corzos y corderos son mencionados continuamente en las divinas letras. Y añade que por eso llama sus ovejas a los predestinados para la vida eterna. Y ciertamente no hay otro animal más tontorrón, como lo demuestra el que, según Aristóteles, la frase «hombre de espíritu de borrego», con la que se califica a quienes parecen tener la estolidez de esas bestezuelas, suele tomarse como un insulto, como si se hubiera llamado a alguien estúpido o imbécil. Pues, este es el rebaño del que Cristo se declara pastor. Y hasta él mismo se complace con el nombre de «cordero»; Juan lo presenta diciendo: «He aquí el cordero de Dios», calificativo que aparece muy mencionado en el Apocalipsis.

Cuanto llevo dicho, ¿no viene a confirmar que todos los mortales, incluso los piadosos, son estultos? El mismo Cristo, ¿no vino en ayuda de la estulticia de los hombres, pues, siendo la sabiduría del Padre, sin embargo, al asumir la naturaleza del hombre y aparecer en figura humana, quiso, en cierto modo, mostrarse como uno más? Exactamente de la misma manera que quiso ser pecador para redimir el pecado. Y no se valió de otros medios para hacerlo sino de la estulticia de la cruz, de unos Apóstoles idiotas y simples; a los que, con gran insistencia, les predicó la estulticia y les ordenó que desterraran de sí la sabiduría, dándoles como ejemplo los niños, los lirios, el grano de mostaza y los pajarillos, seres todos ellos y cosas de encantadora simplicidad, que carecen de sentido y viven sólo bajo la protección de la naturaleza, sin necesidad de artificios y de cuidados. Y, además, los amonestó para que no se preocuparan de las cosas que deberían decir ni de lo que deberían responder cuando los condujeran a las sinagogas o a presencia de los magistrados y hombres de poder; incluso les prohibió, finalmente, no hacer caso del tiempo ni de la ocasión, de tal manera que tuvieran muy claro que no debían fiarse de sus propias cualidades sino que debían poner en Él toda su esperanza. Tal es, asimismo, la razón que Dios, creador del mundo, tuvo para prohibir que probaran del árbol de la ciencia, como si la ciencia fuera algo así como un veneno de la felicidad. También de que Pablo la condenara abiertamente como algo hinchante y pernicioso. Que fue lo mismo que inspiró a san Bernardo, creo yo, cuando llamó «monte de la ciencia» aquel al que Satanás fue a instalar su sede.

Quizá no sea argumento ligero en favor de la estulticia la acogida que alcanza entre los poderosos, que no conceden perdón más que a los que se equivocan por falta de luces, conducta que no observan nunca con los sabios, razón por la cual quien pide perdón por un yerro, aunque lo haya cometido con toda conciencia, lo primero que hace es buscar en la estulticia excusa y valimiento. Así, Aarón, según podemos ver, si recuerdo bien, en el Libro de los Números, pide perdón para su hermana y dice a Moisés: «Te ruego, Señor, que no tengas en cuenta este pecado, que hemos cometido como estultos». Así también Saul pide clemencia a David fundándose en que ha obrado estultamente: «Está claro —dice— que me he comportado estultamente». El mismo David pide clemencia al Señor: «Te ruego, Señor, que perdones el pecado de tu siervo, porque hemos obrado estultamente», con lo que parece casi que no se puede pedir perdón sin que se declare primero la estulticia y la estupidez.

Pero lo que es definitivo es lo que Cristo, desde la cruz, dice al interceder por sus enemigos: «Padre, no se lo tengas en cuenta —no alegó excusa distinta en su favor que no fuera la ignorancia— porque no saben —dijo— lo que están haciendo». De la misma manera, Pablo, en carta a Timoteo: «Porque me comportaba con la ignorancia de quien no cree, por eso he conseguido la misericordia de Dios». ¿Qué quiere decir «me comportaba con la ignorancia» sino «con estulticia», sin maldad? ¿Qué significa «por eso he conseguido la misericordia de Dios»? ¿No es lo mismo que decir que no la hubiera alcanzado de no haberse refugiado en el patrocinio de la estulticia? A favor de nuestra tesis está también el autor de los salmos, del que no me acordé en el momento justo: «No te acuerdes de los pecados y de mis ignorancias de juventud».

Ya veis qué dos excusas: la poca edad, de la que suelo ser permanente acompañante, y las ignorancias, cuyo infinito número nos da idea de la enorme fuerza de la estulticia.

Las excelencias de la Estulticia comprobadas en las prácticas y sentimientos de la devoción, y con la idea de la vida ultraterrena

66.   Para no seguir así sin término, y resumiendo al máximo, parece claro que la Cristiana religión guarda cierta afinidad con la estulticia y apenas se aproxima, en cambio, a la sabiduría.

Y si queréis buenos argumentos de lo que digo, fijaos, en primer lugar, en que los niños, los viejos, las mujeres y los tontos disfrutan mucho más que los demás de los sagrados oficios y ceremonias religiosas, razón por la cual los veréis siempre más próximos al altar, llevados nada más que por su natural impulso. Recordad también que los fundadores primeros de la religión eran hombres simplicísimos y enemigos acérrimos de las letras. Finalmente, daos cuenta de que no hay locos que hagan mayores locuras que aquellos a los cuales incendia totalmente el fuego de la religión de Cristo. Los vemos, en efecto, malversar lo que poseen, despreciar las ofensas, soportar los engaños, no hacen distinción entre amigos y enemigos, huyen de los placeres, se hartan de ayunos, vigilias, lágrimas, tribulaciones y afrentas, sienten aborrecimiento de la vida, no desean más que la muerte; escuetamente, se evidencian como quien, habiendo perdido del todo los sentimientos y la sensibilidad de los demás, tuviesen su alma en un lugar distinto y no en su propio cuerpo.

Ahora bien, ¿qué es eso si no volverse loco? Tampoco, por otra parte, debe maravillarnos, pues los mismos apóstoles fueron tenidos por borrachos, y Pablo, a juicio de Festo, se había vuelto loco[102].

Y ya que me he revestido con la piel del león, quiero demostrar que la felicidad de los Cristianos, que con tanta vehemencia se desea y se consigue a costa de tantos sacrificios, no es sino una forma de locura y de estulticia —y no veáis, por favor, en mis palabras envidia; quedaos más con el concepto.

---

[102]   Se cuenta en los Hechos de los Apóstoles. Cuando éstos, en el Pentecostés, comienzan a expresarse en lenguas diversas, unos se admiran, pero otros se burlan y aseguran que «están borrachos» (2,13). Por lo que se refiere al procurador Porcio Festo, gobernador romano, en un gesto político de acercamiento a los judíos, retiene a Pablo en prisión. El rey Agripa quiere escucharlo y, tras haber oído de su boca el relato de su conversión, camino de Damasco, Festo lo interrumpe y dice: «Estás loco, Pablo; de tanto estudiar te has vuelto loco» (26,24).

A los Cristianos les sucede un poco lo que pasa con los Platónicos cuando dicen que el alma se encuentra como inmersa en el cuerpo y sujeta por sus ataduras, de tal manera que, entorpecida por lo material, las cosas que son verdaderas apenas puede contemplarlas ni disfrutarlas. Por eso (Platón) definió la filosofía como una meditación de la muerte, porque la meditación despega la mente de lo visible y corpóreo, que es exactamente lo mismo que hace la muerte. De aquí que, mientras el alma usa adecuadamente los órganos del cuerpo, se dice que se está sano, pero cuando, rotos los vínculos que al cuerpo la atan, trata de alcanzar su libertad, como si quisiera escapar de aquella prisión, entonces se dice que ha enloquecido. Cuando sobreviene una enfermedad o un accidente en cualquier órgano, suele ser para todos cosa de locura.

Pese a lo cual vemos cómo este género de personas predice el porvenir, domina lenguas y conocimientos nunca antes aprendidos y lleva así el sello de lo divino. No hay duda de que ésta es la razón por la cual el espíritu, en el momento en que se libera un poco de sus vínculos con el cuerpo, comienza a mostrarse con su natural fuerza, y lo es también, a mi entender, de que algo por el estilo les suceda a algunos moribundos, cuyas palabras parecen maravillosamente inspiradas.

Y si esto se advierte en el análisis de la piedad, tal vez no se trate del mismo tipo de locura, pero guarda, sin embargo, con ella tal analogía que la mayor parte de los hombres están convencidos de que no es más que locura, sobre todo cuando contemplan a esos pobres hombres que, en lucha incansable con todo, no encuentran nada en la vida con lo que estar conformes. Les sucede a éstos algo semejante a lo que sucede en el mito de Platón[103] a los que se encontraban encadenados dentro de la caverna, contemplando las sombras de las cosas, cuando el fugitivo que había escapado, vuelto a la cueva, les dijo que había visto las cosas tal como son en verdad, y que estaban muy equivocados creyendo que no hay más realidad que las miserables sombras que ellos contemplan. Éste, que se ha vuelto sabio, se compadece y deplora la locura de los otros, que se empecinan en tan gran error; a su vez, ellos se ríen de él como de un chiflado y lo echan fuera. Lo más normal es que la mayoría de los hombres admiren mucho más las cosas corpóreas, que son las únicas que creen de verdad que existen.

---

[103] *La República*, VII.

Por el contrario, los devotos lo que menos aprecian es aquello que afecta más al cuerpo, y se entregan plenamente a la contemplación de las cosas invisibles. Los unos, pues, dan la primacía a las riquezas, que son las que proporcionan satisfacciones corporales, relegando el alma al postrer lugar, e incluso la mayor parte no cree en ella por la sencilla razón de que no se ve con los ojos. Los otros, en cambio ponen todo su empeño en elevarse hasta Dios, que es la suma pureza, y a través de Él, a su propia alma, en estrecha relación con Él. No piensan para nada en el cuidado del cuerpo, miran con desdén el dinero y hasta lo desprecian como cosa inmunda. Y si alguno se ve obligado a relacionarse con estos asuntos, lo hace con pena y fastidio; poseen como quien nada tiene, son propietarios como quien no lo es.

En todas las cosas de la vida se dan diferencias. Veámoslo en lo que se refiere a las facultades humanas, y veremos que, aunque todas ellas se relacionan con el cuerpo, hay algunas, sin embargo, que, por decirlo así, resultan más bastas, como son las del tacto, el oído, la vista, el olfato y el gusto. Otras parecen más alejadas del cuerpo, como la memoria, la inteligencia, la voluntad. Por tanto, aquellas a las que el alma se dirige, allí está lo bueno. Los piadosos dirigen toda la fuerza de su alma a lo que más lejos está de los sentidos más bastos, porque se encuentran en ellos como enajenados e incómodos. En cambio, la gente vulgar se encuentra en ellos muy a gusto, todo lo contrario que aquellos. Por eso hemos oído decir que algunos santos varones bebieron aceite tomándolo por vino.

Si ahora analizamos lo que se refiere a las pasiones, veremos también que unas se relacionan más con el cuerpo, como la lujuria, la gula, la ira, la soberbia y la envidia; los devotos mantienen con éstas una guerra irreconciliable, mientras la gente vulgar está segura de que sin ellas no se puede vivir. Hay, después, ciertos sentimientos comunes, puede decirse que naturales, como por ejemplo el amor a la patria, el cariño a los hijos, a los padres, a los amigos. A éstos, la gente vulgar les concede algún valor. Pero los otros procuran arrancar del alma tales sentimientos, porque no les sirven para elevarse a las puras regiones del espíritu, y así, aunque aman al padre, lo hacen no como tal padre (¿Qué engendró él sino su cuerpo? Y aún eso se lo deben a Dios más que a los padres), sino como a un varón justo en el que brilla un destello de la mente suprema, que es a lo que ellos llaman el sumo bien, y fuera del cual nada debe ser amado ni esperado. Esta misma norma rige todos sus actos, y si es verdad que no desprecian absolutamente todo lo visible y tangible, lo consideran, sin embargo, infinitamente inferior a aquello que no puede percibirse con los sentidos. Por eso dicen que en los sacramentos y en todos los actos piadosos se encuentran el cuerpo y el alma. Dan poca importancia a abstenerse de carnes y de comidas en el ayuno, que a eso llaman de verdad ayuno las gentes vulgares, sino que lo más importante en él es el dominio de las pasiones, de tal manera que la ira y la soberbia no sigan con su ordinario desenfreno, y que el espíritu, más aligerado de su carga corporal, pueda volar en busca de los placeres y de las delicias celestiales.

Del mismo modo, dicen, las ceremonias del culto eucarístico, aunque no deben desdeñarse, sin embargo, consideradas en sí mismas, o de poco sirven o incluso pueden ser perniciosas, si no sirven para entrar a través de ellas en el mundo del espíritu, es decir, en lo que los propios símbolos visibles representan. Así, representar la muerte de Cristo es, en este sentido, saludable para los mortales si pretenden expresar que con ella representan el dominio y la extinción de las pasiones de la carne, que acaban sepultando, de alguna manera, en la tumba, a fin de que puedan nacer a una nueva vida y ser uno entre ellos como lo serán con Él. Tales son los principios que los piadosos creen y practican. Por el contrario, el vulgo cree que el sacrificio de la misa no es otra cosa que acercarse al altar, cuanto más mejor, escuchar el estrépito de las voces y asistir como espectadores a ceremonias semejantes.

No sólo en estos casos que, como ejemplo, he citado, sino también en las demás oportunidades de la vida, el piadoso escapa sinceramente de aquello que se relaciona con lo terreno y se deja llevar en alas de lo eterno, lo espiritual y lo invisible. Razón por la cual, dándose entre éstos y aquellos tanta discrepancia, resulta que unos a otros se consideran locos. Aunque me parece que esta palabra habría que aplicársela con más propiedad a los devotos que a los otros.

El misticismo

67.   Todo esto quedará mucho más claro si, tal como me he propuesto, demuestro en pocas palabras, y para rematar, que aquella ce-

lestial recompensa a la que aspiran las almas piadosas no es otra cosa que una variante de la estulticia.

Ya Platón vislumbró algo semejante cuando escribió que la «pasión de los amantes es la más feliz de todas». Pues el que ama con tanto ardor no puede decirse que vive en sí sino en aquel a quien ama, y cuanto más lejos se encuentra de sí mismo y más se integra en el otro, su felicidad es mayor. Pues bien, de una persona cuya alma parece querer emigrar del cuerpo y que no hace el uso correspondiente de sus órganos, lo menos que se puede decir es que está loca. ¿Qué quiere decir, si no, lo que dice el vulgo cuando dice: «Está fuera de sí» y «vuelve en ti», o «ha vuelto en sí»? Por consiguiente, cuanto más intenso es el amor tanto mayores son la pasión y más grande la felicidad.

Y ahora pregunto: ¿es que esa vida celestial que las almas desean con tan ardiente anhelo es cosa muy distinta? Porque, siendo indiscutible que el cuerpo ha de ser absorbido por el alma, como más noble y poderosa que es, no parece menos claro que eso lo consigue el piadoso con más facilidad que el que no lo es, en parte porque al morir se encuentra ya como en su propio elemento y, en segundo lugar, porque el cuerpo se purificó y se preparó, durante la vida, para una tal transformación. El alma será después absorbida milagrosamente por aquella mente suprema que es infinitamente superior a ella, de tal manera que el hombre futuro se encontrará todo él fuera de sí y no por otra razón que no sea porque se encontrará tan enajenado que compartirá de forma inefable el supremo bien que atrae hacia sí todas las cosas. Cierto que semejante felicidad no puede ser completa hasta que, reunida el alma con el cuerpo en el que estuvo sometida, se les conceda a ambos la vida eterna, pero, pese a todo, como los piadosos viven de tal manera que su existencia no es más que una meditación de aquella vida, son, a veces, premiados con una cierta visión anticipada de las delicias celestiales, una visión que les acerca algo así como el gusto y el aroma de aquellas delicias. Eso, aunque no sea más que una pequeñísima gota del manantial de la felicidad perenne, excede de tal manera los placeres todos del cuerpo que ni aún resumiendo en una sola sensación todos los placeres de todos los hombres mortales podría igualársele. ¡Tanto aventaja lo espiritual a lo corporal, lo invisible a lo visible! Esto es, seguro, lo que anunció el Profeta: «Ni el ojo vio, ni el oído escuchó, ni el corazón del hombre pudo imaginar lo que Dios prepara

para los que lo aman»[104]. Pero, como puede comprobarse, tales cosas no son más que una parte de la Estulticia, que no se extingue con el tránsito de ésta a la otra vida, sino que, por el contrario, se sublima.

A quien le es dado experimentarlas —a bien pocos les sucede—, les da una cierta semejanza con los dementes, no se expresan con demasiada coherencia y, desde luego, no lo hacen como los demás, sino que dicen cosas sin ton ni son y sueltan por la boca todo tipo de especies. Ahora están contentos, ahora están decaídos; tan pronto lloran como ríen o sollozan; en suma, están verdaderamente y del todo fuera de sí, y cuando, de pronto, recobran el sentido, no son capaces de decir dónde se encontraban, si en el cuerpo o fuera de él, si estaban despiertos o soñaban, ni recuerdan más que como si estuvieran en medio de un sueño o entre nubes lo que han oído, lo que han visto, lo que han dicho y hasta lo que han hecho; sólo saben que han sido muy felices mientras han estado fuera. Y así, deploran haber vuelto en sí, por lo cual no hay nada que más deseen que enloquecer para siempre con este género de locura. Y eso que no se trata más que de una pequeñísima degustación de la futura felicidad.

Epílogo

Verdaderamente me he olvidado del todo de que me estoy pasando de los límites que yo misma me había impuesto. Si hay algún petulante o algún charlatán que me lo quiera echar en cara, que piense que quien se estaba dirigiendo a vosotros era la Estulticia, mujer por añadidura. Pero, al mismo tiempo, recordad también aquel proverbio de los Griegos: «Frecuentemente hasta el mismo loco dice la verdad». A no ser que creáis que esto no reza con las mujeres.

Veo que estáis esperando el epílogo, pero habríais perdido del todo el juicio si esperárais que, después de haber echado por esta boca semejante fárrago de palabras, fuera a recordar una sola de las dichas. Es viejo aquello: «Aborrezco al convidado de buena memoria». Es nuevo esto: «Aborrezco al oyente que la tenga». Así que, ¡salud!, aplaudid, vivid, bebed, Sacerdotes celebérrimos de la Estulticia. Telos. Fin.

---

[104] La cita de Platón sobre la pasión de los amantes se encuentra en el «Fedro», 245. La cita del Profeta es de Isaías, 54,4.

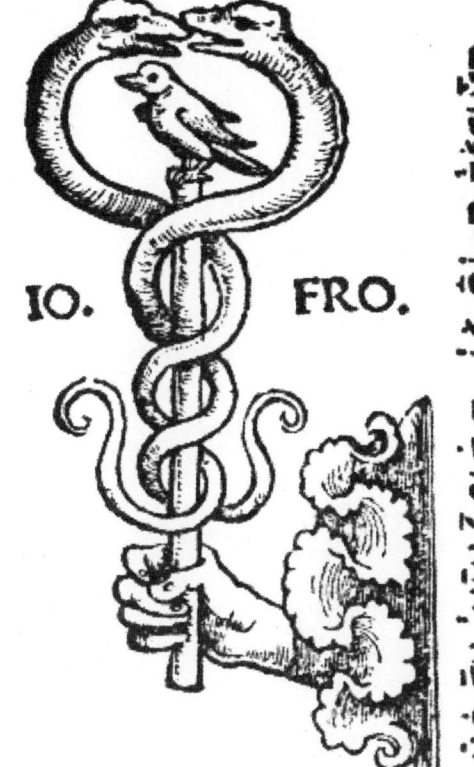

γίνεσθε φρόνιμοι ὡς οἱ ὄφεις

Prudens simplicitas, amorȝ recti.

IO. FRO.

ἀκέραιοι ὡς αἱ περιστεραί.

ÍNDICE